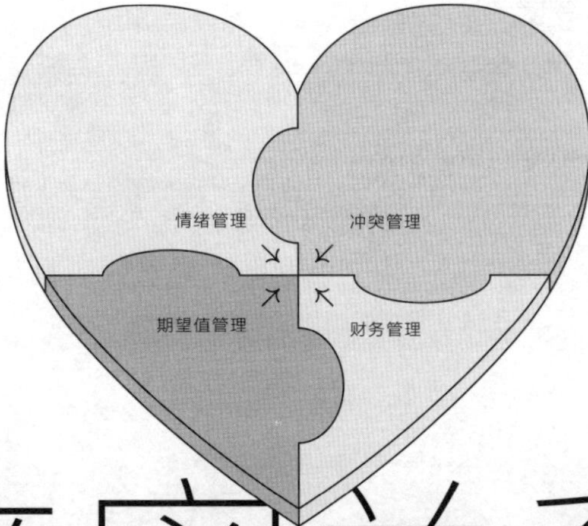

亲密关系管理

如何理性应对亲密关系中的冲突

陈历杰 著

中信出版集团 | 北京

图书在版编目（CIP）数据

亲密关系管理：如何理性应对亲密关系中的冲突 / 陈历杰著. -- 北京：中信出版社, 2021.3

ISBN 978-7-5217-2305-2

Ⅰ. ①亲… Ⅱ. ①陈… Ⅲ. ①心理交往—通俗读物 Ⅳ. ①C912.1-49

中国版本图书馆CIP数据核字（2020）第188333号

亲密关系管理——如何理性应对亲密关系中的冲突

著　　者：陈历杰
出版发行：中信出版集团股份有限公司（北京市朝阳区惠新东街甲4号富盛大厦2座　邮编　100029）
承 印 者：北京诚信伟业印刷有限公司

开　　本：880mm × 1230mm　1/32　　印　　张：9.25　　字　　数：170千字
版　　次：2021年3月第1版　　印　　次：2021年3月第1次印刷
书　　号：ISBN 978-7-5217-2305-2
定　　价：56.00元

目录

第三部分 亲密关系中的情绪管理

前言

成为懂爱会爱被爱的人

作为曾经的法官，我在法庭上见过太多的悲欢离合，也真切地感受到，很多夫妻闹到要对簿公堂，其实并不是双方真的没了爱情，而是缺少管理亲密关系的智慧与经验，相爱，却无法相守。很多婚姻都终结在结婚后的 2~3 年，留下的往往是破碎的家庭、杀红眼的双方和无辜的孩子……

如果亲密关系能够管理，如果婚姻懂得经营，我们是不是能够改写结局？带着这份疑惑，我踏上了去海外名校读 MBA（工商管理硕士）的求学之路。管理学的课堂上，在系统地学习了有效沟通、理性谈判、冲突管理、风险控制等领导力课程之后，我发现自己正在接近答案——爱情也好，婚姻也罢，确实和公司一样，不仅需要管理和经营，还需要通过实际的案例，不断提炼管理的方法与智慧。

遵循内心的渴望，我成了一名亲密关系咨询师，也开启了情感咨询与培训的职业生涯。在对情感咨询案例的深入研究中，结合管理学、心理学和法学的视角，我发现了某些潜藏在情感问题中的经营风险，也总结了一系列因为管理混乱带来的冲突和危机。对于亲密关系，要懂得居安思危，危中见机。

在全国性的亲密关系工作坊的推广实践中，通过不断地演练和完善，我总结了一整套亲密关系风险管理、冲突管理和情绪管理的方法，并通过情景演练与步骤分解，让这些方法落实到具体的生活细节中，很多情侣和夫妻得到了真正的帮助。尤其是对很多经历爱情幻灭与伤害的伴侣，帮助他们在面对伤害时重建信任与亲密，让脱轨的爱情列车重回正轨。虽然这个过程很艰难，但是好的经营会让我们的亲密关系之路更加顺畅，同时也能防患于未然，所以，学会亲密关系管理，用心经营，才能让爱情列车始终行驶在正确的方向上。正如“婚姻教皇”约翰·戈特曼在《获得幸福婚姻的7法则》（*The Seven Principles for Making Marriage Work*）中建议的那样，我们需要像管理我们的存款一样管理我们的婚姻，让爱情的储蓄账户始终余额充足，永不透支。

我自己也从优质的亲密关系中获得了太多滋养。将近10年的婚姻中，我和妻子Emma始终相爱如初，无话不谈，亲密关系成了我们通往彼此灵魂的桥梁。

因为爱情，我成了更好的自己，疗愈了幼年丧母的创伤，摆脱了原生家庭带来的脾气急、攻击性强的局限，学会了与自己和解。

因为亲密关系，我拥有了冒险的勇气，敢于放弃体制内的优越工作，真正追随内心的使命感去选择海外求学和自由职业，让自己变得更开放，也学会了拥抱生活的不确定。

更因为在亲密关系中的管理历练，我学会了包容的智慧，懂得了妥协的艺术，进退有度。我们并不回避冲突，但因为有了管理冲突的智慧，我们越吵越亲密，让爱情这朵玫瑰因为我们的用心浇灌，成了独一无二的存在。

希望每一个和我一起学习的朋友都能收获以下几个方面的能力：

一是明确亲密关系的目标，认清自我的真正需要，帮助你找到真正适合自己的伴侣。同时还会帮你理清亲密关系在不同阶段面临的主要问题，以及教你如何更好地去解决这些问题，达成你渴望实现的目标。

二是了解并规避亲密关系的风险。我们爱上一个人的时候，往往就会奋不顾身，完全不会想到，其实恋爱和婚姻也有许多看得见和看不见的风险。我会从专业的视角带你看清潜藏的风险，让你有效避免各种亲密关系陷阱和婚姻暗礁。

三是学习冲突管理的方法。冲突管理是我最为擅长的领域之一，我在这方面受过非常专业的培训，而且也积累了很多经验。我会把我从国外顶级名校中学到的冲突调解技巧教给你，通过有效的冲突管理帮你化解各种冲突难题，让你们越吵越亲密。

四是收获情绪管理的智慧，让你从根本上了解自己情绪背后的需要，帮助你调整内在状态。让你不再被情绪所困，认知变得更理性，温柔坚定，从而赢得伴侣长久的喜爱与欣赏，让爱情永远保鲜。

同时，本书将和大家分享很多真实的情感咨询案例，让大家在他人的故事中看到自己，就像参与一场超值、深入的情感疗愈体验。

还在犹豫什么呢？让我们一起踏上征程，全心投入，去收获亲密关系管理的智慧吧！

第一部分

亲密关系中的管理学工具

第
1
讲

目标四象限法

如何看清自己的核心需求，少走爱情弯路？

我们为什么需要亲密关系？这个问题的答案并不是那么想当然，它们是现在困住很多 80 后、90 后走入一段亲密关系的核心问题。我有不少独立能干但遇到情感困惑的女性来访者，她们会直接问我：陈老师，我有时真的不知道为什么需要男人？我自己挣钱不比男人少，做家务带孩子男人又不能给我搭把手，更不能满足我的情感需求，你说我要男人干吗？如果不是考虑孩子，也怕父母担心，我早就分了！我就觉得一个人过更好。这种状态还真不是个别现象，很多现代女性在婚姻中的第一感觉就是委屈，凭什么我一样和男人挣钱，但要承担多得多的家务？不公平！

那么，公平感是她们对亲密关系的核心需求吗？似乎也不是。比如一对学霸夫妻找到我调解亲密关系，两个人都属于金领阶层，收入非常可观，但女方觉得不公平，她为家庭付出太多，一边上班一边带孩子，非常辛苦。男方说其实他的薪水完全可以让妻子做全职太太，并且可以多雇几个保姆，让她指挥保姆干就行，或者女方投入事业，在带孩子方面不要期待太高，让父母指挥保姆干，但两种方法都被女方否决了。男方真的不知道怎样做才能让对方满意。

那女方的核心需求是什么呢？看似需要公平，男方的提议似乎也还挺公平，但她为什么不接受呢？因为她的核心需求很可能是对方的感激与欣赏。她希望自己的付出和努力能够被对方看到，能够真正发自内心地感激，陪伴她，跟她一起分担。但是她并没有意识到自己的这些需求，所以只能用抱怨与指责来强调不公平，而这让男方一头雾水。所以，认清我们在感情中的核心需求至关重要，也是确认我们是否需要爱情的深层原因。

划分亲密关系中的核心需求

我们要怎么去找到自己在感情中的核心需求呢？我在这里和大家分享一个管理学工具，叫作目标四象限，它可以帮助我们区分事件的重要与紧急程度，抓住核心需求。虽然目标四象限通常用在时间管理上，但在这里我要教大家如何把它用在亲密关系管理当中，来帮助你认清自己的核心需求。为了方便大家理解，我在下面画了一张图，并会详细解释一下到底什么是目标四象限法。

首先，所有的需求都可以按照紧急、不紧急、重要、不重要的组合分成四个象限：第一象限是既重要又紧急，第二象限重要但不紧急，第三象限紧急但不重要，第四象限不重要不紧急。

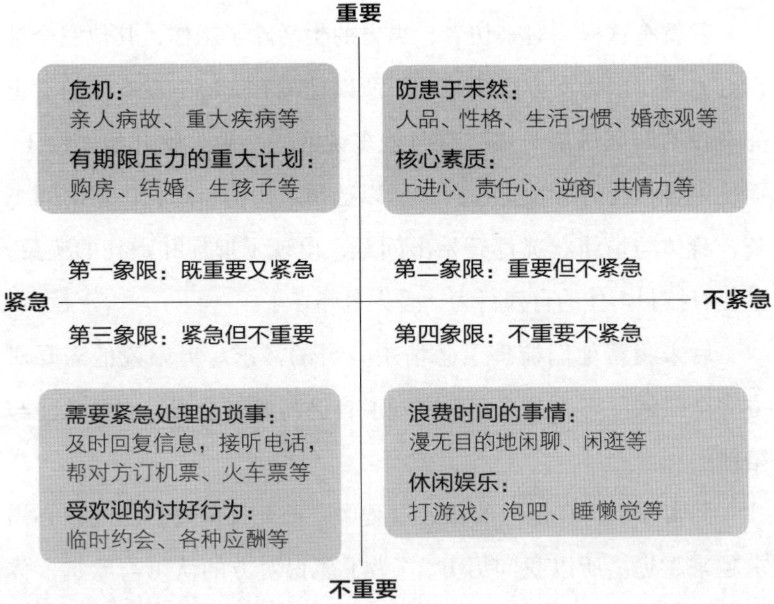

从这张图可以看出，面对既重要又紧急的需求，一般大家都会优先去满足，对于不重要不紧急的事情大家也会尽量少花心思，

所以真正挑战我们的还是如何在重要但不紧急的需求和紧急但不重要的需求之间选择，因为这决定了我们在亲密关系管理中是不是能真正找到核心需求。

很多人对于燃眉之急会立即反应，导致把大量的精力浪费在紧急但不重要的需求上，忽略了自己内心当中真正重要的需求，可能直到感情出现问题，才发现原来双方内心真正的需求在感情中没有得到满足。

我就有这样一对来访者，男方的生活除了工作，其他完全被对方占满，因为女方很依赖他，所以他没有交际、没有娱乐，也完全没有时间锻炼身体。有时他多说两句，爱人就开始耍性子，而他最害怕与对方发生冲突，所以选择了压抑与忍让。但时间一长，身体与情绪状况都开始出问题，出现了抑郁和躁狂的迹象，甚至有控制不住的自残行为，爱人也吓坏了。

后来我帮他们梳理了感情中各自的需求。男方说他需要对方完全的认可与欣赏，而女方则说自己需要安全感，需要关注与陪伴。

但实际上，在他们的相处过程中，彼此都偏离自己的核心需求越来越远。所以我问男方，“为了赢得对方的认可与欣赏，你把所有的关注点都放在满足对方的要求上，甚至不惜牺牲自己的健康与自由，你觉得这样能达到目标吗?”男方说以前他以为这样是可以的，所以每天都像个不停旋转的陀螺般忙碌，也没有时间和精力去关注自己的需求。我继续问:“那么，当你抑郁、暴躁、无法自控甚至出现自残的行为时，你觉得对方还会认可和欣赏你吗?”男方沉默了。这个时候，女方直接回答说:“我吓坏了，我那个时候只想离开他，完全没有欣赏的感觉，反而觉得没有办法再依靠他了。”我回应道:“所以说，你尽管很享受对方无微不至的照顾，但是如果对方不能保证有一个好的身体和情绪状态的话，你反而会没有安全感，对吗?”女方点头。

通过咨询和梳理他们的情感需求，男方意识到，他如果想长久地赢得女方的认可和欣赏，反而需要给自己留出空间锻炼身体、调解情绪，让自己有一个良好的状态，给对方真正的安全感。而女方也明白了，想赢得真正的安全感，她反而需要给对方空间和自由，让对方有机会历练与成长，让彼此应对危机的能力不断增强。

两个人认清了亲密关系中的核心需求以及达成需求的途径后，亲密关系有了质的提升。双方不再满足于表面的讨好与依赖，而是关注两个人关系中真正重要的部分。在自由放松的环境中，两个人对彼此的喜爱与欣赏反而加深了。

所以在亲密关系中真正有效能的人，能够准确地找到自己的核心需求，并且朝着目标不断努力。

认清自己的核心需求，才能真正实现它

那我们如何才能真正认清自己在亲密关系中的核心需求呢？可以依据以下几个原则来判断。

一是确定目标。

在我的亲密关系工作坊中，我让学员回答的第一个问题就是："你最想要的亲密关系是怎样的？用一到三个核心关键词来描述。"很多学员都会写"理解""尊重""信任"等关键词，这个时候我又会进一步问他们，"理解"对你来说意味着什么？能用一个具体的例子或者画面来描述吗？有些学员就会解释说，比如我累了的时候，他能主动帮我倒杯水，并且说句"辛苦了"；当我有情绪的时候，他能感受到我的情绪，并了解和满足我的需要。

如果需要这样的"理解"，那么我们可能会把另一半的"共情力"放在第二象限，作为最重要的考量因素，尽管这个特质并不一定马上能转化成财富，但是在长久的婚姻中可能是让你心甘情愿付出的重要品质。

所以，在确定目标的时候，一定是越具体越好，比如"信任"，信任对你而言究竟意味着什么？你们经历了什么，让你觉得被信任或者能够信任对方？你想象在什么极端的情况下，你们还能有这份信任？等等。

通过具体的描述，你才会对你想要的目标有足够清晰的画

面感，才能因为真正了解而逐渐向彼此靠拢。对于目标的确定因人而异，但是多年的情感咨询经验，也让我明白了一些感情的取舍之道。一些目标可能会随着岁月变得没有那么重要，比如一些外在因素对长期的关系经营而言没有性格因素那么重要。例如相貌，我们年轻时可能很在意对方是不是帅或者漂亮，但是这个因素对于维系一段深度亲密的关系而言并不那么关键。又比如财富，我们自己年轻、没有创富能力的时候可能会很在意这一点，但是当自己挣钱能力提升后，反而对于对方的物质条件没那么在意。所以，认清自己的核心需求、选择合适的伴侣真的是综合素质的体验。这也是我为什么让大家真正去关注重要但不紧急的目标的真正原因。

二是评估代价。

从人性来说，我们当然都渴望完美，如果对方既是多金能干的高富帅，又体贴温柔、幽默风趣，那当然是最理想的伴侣。只是对方为什么要选择你？你愿意承担怎样的代价去争取对方的爱情？这可能是很现实的问题。

投资大师查理·芒格说："得到一样东西最好的方式就是让自己配得上它。"不少有亲密关系困惑的来访者，说到底其实对于自己配得上什么样的亲密关系生活缺乏自知。我有一位女性来访者，长得很漂亮，才华也很出众，以前是很多人追的校花，但是她最终找了一个各方面看起来都比较普通的男人。因为这个男人对她很好，可以说百依百顺，而她小时候经历过父母离婚的创伤，并且父亲极不负责任，所以她很看重对方的责任心和能否给她安全感。不过婚后遇到了一个诉讼纠纷，她老公表现出了胆小怕事和息事宁人的一面，她变得非常纠结，觉得老公怎么这么窝囊。这个时候她非常后悔自己当初没有找一个更能干、更有担当的男人，在遇到这样的危机时还需要她自己挺身而出。

这个来访者的纠结恰恰来自不愿意承受选择的代价。既然她因为安全感、听话、顺从选择了对方，那么就不要指望对方在遇到危机的时候突然变成一头雄狮，这是她必须承受的代价。同样，如果你选择了一个非常能干、不断上进的事业型男人，也不要指望他天天花前月下陪你谈情说爱，更不要指望对方对你百依百顺。没有独立与强大的人格，就很难享受与这种开拓型的男人一起冒险与成长。

每个人在亲密关系中的核心需求可能都不一样。有人是为了安全感，尤其是现实的物质保障，所以他们会更加看重对方的资产与收入状况，以及社会地位；有人是真的为了爱情，那种心灵相通的默契感，两人真正结伴前行，共同成长；也有人是为了避免孤独，有一个人真正可以依靠，相互取暖；更有人是为了面子，为了应付社会的角色需要，为了躲避家庭的社会压力。

为了哪种需求走进婚姻并没有高下之分，我们需要的是认清需要承担的相应责任或者代价，并且评估自己是不是配得上自己想要的亲密关系生活。

三是明确路径。

明确了核心需求和相应代价以后，我们还需要把对核心需求的追求落实到自己的日常生活中，也就是你需要为你列出的核心需求确定相应的执行计划，并且能够落实到每周的行动计划之中。

比如我和妻子 Emma 非常看重彼此的分享与默契，为了不断加深这份默契，我每天晚上睡前都会与 Emma 聊上半个小时，分享一下当天发生的有趣的事情，每周与 Emma 约定一个咖啡分享时光，两个人就像刚谈恋爱的时候那样，找一个下午，一起在星巴克喝一杯咖啡，分享这一周的收获与感悟。

每年我们都会安排一到两次旅行，真正享受两个人的精心时刻。而今年的结婚纪念日，我们选择了重拍婚纱照，重温结婚时的喜悦与蜜月时的激情时光。

正是因为这种能够落实到日常生活中的仪式感，具体到每周甚至每天，爱情的储蓄账户才能不断存钱，余额充足。

所以根据你对亲密关系的核心需求，比如说互相信任，经常问问自己，我做的这件事情让我离自己的目标更近了吗？因为我的这个行为，我们之间变得更加信任，还是疏远了呢？最好通过互相评估的方式，来寻求对方的积极反馈，通过刻意的练习，我们才能真正掌握满足核心需求的有效路径。

第2讲

SWOT 分析

如何让你喜欢的人也喜欢你？

前面我们通过目标四象限这个管理学工具系统梳理了如何找到自己在感情中的核心需求，那么，如果你的核心需求就是让你爱的人也爱上你，那应该怎么做呢？

我相信这个问题不只是少男少女在追逐另一半时的感情需求，也是很多在亲密关系中需要重新找回相互喜爱和欣赏感觉的伴侣们所面对的问题，曾经对自己海誓山盟、体贴温柔的人似乎变成了另外一个人，怎样才能重新点燃对方的爱情火花呢？

正确评估优缺点，让你喜欢的人也喜欢你

我同样给大家分享一个实用的管理学工具，叫 SWOT 分析法。这四个英文首字母，S 代表的是你的优势（strengths），W 代表的是劣势（weaknesses），O 代表的是机会（opportunities），T 代表的是可能遭遇的威胁（threats）。这个工具能帮助我们准确地评估自己的优势和劣势，然后通过展现自己的魅力，以及尽量减少或消除潜在威胁，让你爱的人也能爱上你。

我有一对来访夫妻，双方事业都很成功，结婚十年，感情还是非常不错的，只是因为工作太忙，彼此有点儿疏于交流，女方担心感情出问题，于是带男方找到了我。而当我帮他们评估感情基础时，发现男方当年就是运用 SWOT 分析法成功地追到了自己的女神。

当时，他在追他老婆的时候其实看起来机会有点儿渺茫，因为两个人的差距还是比较明显的，女方长得比较漂亮，有好几个男生同时在追，而他长相一般，家庭条件比较差，穿着打扮也比较土，也不幽默风趣，劣势很明显。但他的优势是什么呢？性格好，有亲和力，吃苦耐劳，愿意付出，会照顾人，有上进心，还很有韧劲，不轻言放弃。

他通过几次接触，发现女神对自己并不反感，还愿意和他分享自己家里的事情。通过耐心倾听，他了解到对方因为小时候被

父母寄养在爷爷家，从小缺少父母的陪伴，所以缺乏自信，没有安全感，很容易紧张，而且一紧张就会胃痛。

根据这个基本情况，我们用SWOT分析法来详细分析一下男女两方的四个方面。

SWOT	优势（S）	劣势（W）	机会（O）	威胁（T）
男方	1. 性格特点：有亲和力和奉献精神 2. 意志品质：有上进心，吃苦耐劳，有韧劲 3. 个人能力：会照顾人，沟通能力强	1. 家境较差 2. 长相普通 3. 衣着土，人过于老实	1. 通过用心照顾，打动对方 2. 通过耐心倾听，找到共鸣 3. 通过长期坚持，给对方安全感	1. 其他竞争者 2. 丧失对方信任，对方因感受不到安全感而离开
女方	1. 漂亮，聪明 2. 大方，理性	1. 缺乏安全感 2. 不自信 3. 身体弱	1. 给对方积极回应 2. 激发对方的动力 3. 分享内心的秘密	1. 让对方觉得窒息 2. 对方事业有成时，是否能一如既往地对她好

上面我分析了男女双方的性格特质和外在条件，同样，你也可以利用这个方法，好好分析一下自己和喜欢的人，为自己寻找机会、规避风险。

扬长补短，转危为机

当然，只是简单分析是远远不够的。接下来，我将结合上面这个案例，给大家分享怎样真正将 SWOT 分析法运用起来，实际上，总结起来就是八个字：扬长补短，转危为机。

所谓扬长，就是要尽量展现自己的优势，并且让自己的优势具备不可替代性。比如上面案例中的男方，他充分展现了自己愿意付出和会照顾人的优势，每天都会给对方备热水，点菜的时候会注意点容易消化的，如果碰到对方胃痛得厉害，他还会一直陪着，甚至有一次因为陪对方去医院而错过了考试，他也无怨无悔。也正是因为这种悉心照顾与全心付出，女神对他的好感与日俱增。

当然，这里也需要提醒大家，优势需要是吸引彼此的点，双方才有可能产生化学反应。如果自己的优势并不是对方在意的点，那反而需要去评估一下对方是不是适合自己。

一般来说，只要你有机会展现核心优势，同时对方表现出相应的好感，至少没有表现出反感，那就代表有戏。比如我这位来访者很喜欢交流，他发现对方也愿意回应，那沟通能力强的优点就能成为他的加分项。

对于劣势呢，首先需要充分了解自己的劣势是什么，明白可能产生的负面影响，以及如何减少或者消除负面影响，但是不要刻意回避。如果运用得当，其实还可以变成自己的机会。

比如男方家境不好，也不帅，但是他可以通过自己的上进和努力奋斗来弥补，如果还表现出自信大方的一面，就会为他加分；但是如果因为自己家境不好，与女友约会时表现得畏首畏尾，那自己的短板就暴露无遗。这位男性来访者当时人穷志不短，宁肯多做几份兼职，和女方约会时都会主动买单，并会给女方买一些小礼物，让女方感受到了他的诚意与大气。女方反而开始主动为他考虑，选择合适的消费场所，也回赠他一些礼物。双方的感情不仅没有受到物质条件的制约，反而在这种互相体谅中不断加深了。

同时我们也需要了解对方的劣势，但目的不是去攻击对方或者寻求自我平衡，而是要表现出接纳，并且去满足对方的需求，这反而能成为我们赢得爱情的机会。

比如男方了解到对方缺乏安全感、不自信，他会经常去肯定和赞美对方，让对方感受到他是真正在乎和欣赏自己的。

另外，我想重点强调的是，让你喜欢的人也喜欢你的撒手锏，就是恰到好处的赞美。赞美在我们看来，似乎很平常，但如果这种赞美是在用 SWOT 分析法清晰地了解了对方的优势与劣势的情况下做出的，会取得更好的效果。正所谓知己知彼，百战不殆。

接下来我们看看怎样赞美得恰到好处。

1. 含蓄的赞美：对意中人的高度赞美，可以用含蓄的方式说出来，使它显得较为自然，例如“像你这样真正聪明的人都……”。

当然，这里的形容词一定要是对方很认可的。

2. 正中靶心的赞美：这种赞美主要传达的是“你最引以为傲的地方也是我最喜欢的”这种感觉。思考一下意中人的自我形象，他最自负的是哪些部分？以及他最希望在别人眼里是怎样的形象？是聪明绝顶、温柔体贴还是大气爽朗？先分析意中人最得意的地方，然后赞美它。

3. 撒手锏赞美：悉心观察你的意中人与你自己的感受，想一想，你最爱他的什么？他强烈吸引你的是哪些并非显而易见的特质？把这些特质作为你赞美诗中最后的篇章。

在这一点上，我深有感触。我和妻子 Emma 的婚姻还是经历过很多考验的。当时我辞去公职来到日本，做了一年家庭煮夫，Emma 承担起了养家的重任。后面我去读 MBA，Emma 也是全力支持。很多男性朋友开玩笑问我，吃软饭的秘诀是什么？我一般都会告诉他们这一招。因为在我眼中，Emma 的大气和纯粹是我非常欣赏的。她很有自信，认为好的生活自己可以挣出来，她更在乎的是两个人之间的精神交流和情感互动，所以我都会在取得一些关键成绩的时候告诉她，而 Emma 也因为我的这份懂得而感到值得，我们的感情在一定层面也超越了现实物质的局限。说到底，还是因为我们彼此都懂得对方真正的需求，也懂得如何通过相似的个性和互补的需求让我们的关系真正实现双赢。

SWOT 分析法可以帮助我们扬长补短，通过准确的分析找出自己与对方的优势、劣势，发扬优势，弥补和包容对方的短处，做到全面互补，这样对方的好感很可能呈指数级上涨。

但恋爱关系的真正威胁在于过多的选择权，也可以说是竞争者，并且越是优秀的人，潜在追求者就越多，选择权也越大，那如何才能有效地应对这些威胁呢?

这就是我说的转危为机，需要把威胁转化成让彼此共同经历考验或者展现自身魅力的机会，让自己成为对方眼中独一无二的存在。

心理学里面有一个著名的吊桥实验，女性采访者如果是在吊桥上访问男性受访者，她们收到男性受访者约会邀请的概率，会远远大于在平地上做同样访问的概率。在吊桥上，那种惊心动魄的感觉会让男性受访者误以为对这位女性动心了，所以男生带女生看恐怖片也是有效拉近双方距离甚至火花四溅的手段。

亲密关系的不确定性本来也是其魅力所在。有几个竞争者并不会摧毁一段感情，甚至有可能让对方重新认识你的价值。

我前面提到的那位男性来访者就很好地实践了转危为机，在女方有众多追求者的时候，他通过悉心的照顾和用心的陪伴让自己脱颖而出，并通过别人很难做到的付出彻底打动了对方。真正让对方决定嫁给他的，其实是他最后的职业选择。他出身农村，因为文笔很好，所以家里都希望他能考个公务员光宗耀祖。他本来也有这样的打算，但后面了解到女友已经考了公务员，而如果他也选择做公务员的话，两个人在北京的生活会很艰难，所以他选择了做律师，而且从最苦的律师助理做起，就是为了能给双方创造更好的经济条件。

他通过把握这次机会表明了自己的诚意与决心，彻底让对方安下心来，明白他是一个可以依靠一辈子的人。

而女方呢，在男方事业蒸蒸日上，周围的朋友都提醒她“男人有钱就变坏”，需要看住自己老公的时候，心里还真是有点儿不确信。当然她并不担心老公会背叛她，而是感觉老公事业比较忙以后对她的照顾和关心会不如以前，有点儿担心对方是否还一如既往地爱她。两个人也因为信任与沟通问题开始有了争吵。

他们当时找到我咨询，我帮他们梳理了目前他们婚姻中的主要威胁，然后给了他们转危为机的一些方法与建议。女方很快明白了自己的处境，也明白了她需要如何管理自己的情绪和展现自己的不可替代性。她一方面支持老公的事业发展，并且更深地参与到老公的事业规划当中，为他出谋划策，贡献智慧；另一方面，她也开始更加注意管理自己的形象与魅力，通过瑜伽、健身和各种成长课程，让自己活得越来越开阔，并且在这个过程中创造了一些精心时刻和老公深度分享，让老公重温了当年追求她时的甜蜜浪漫。

正是通过这样的危机管理，她有效地消除了潜在的威胁，让男方更加明白，这才是他用心浇灌出来的那朵独一无二的玫瑰。

第3讲

期望值管理

如何让爱情保鲜？

相爱容易相守难，不少来找我咨询的人都遭遇了背叛，或者与对方不再有语言或身体上的互动，而背后的根本原因往往是厌倦，不再有激情，相看两生厌。那么，如何才能让爱情保鲜，永保激情呢？管理期望值，我的眼中并不只有你。

期望值管理常常用在企业人力资源和客户管理领域，也就是我们常说的管理员工与客户的期望值。管理好员工的期望值很重要，比如说薪酬和职级晋升，如果你给的始终能超过员工的期望，那么员工的满意度和积极性就会很高。对客户也一样，如果你提供的服务并不能达到客户期待的体验，那么即使你的服务已经很好，也依然没办法赢得客户真正的满意。其实爱情也一样，一个人在亲密关系中的幸福程度，最终还是取决于他主观层面的感受和对关系的解读。

我处理过的很多情感咨询案例中，最难处理的一种就是双方一开始起点太高，“我的眼里只有你”的巅峰体验过后，一旦激情冷却，那种心理落差会大到难以承受，这个时候如果不能及时调整期望值，一段关系很可能就会一拍两散；或者结婚后，梦寐以求的东西变成了唾手可得，就会迅速将注意力转移到其他要追逐的东西上，并认为自己只有得到了那个新的东西才会获得幸福。

相反，一些伴侣刚开始并不是对方眼中所谓的梦中情人，但双方能够彼此用心经营，在和伴侣的关系逐渐变好的过程中，反而会感受到不断增强的幸福感。

由此可见，合理的期望值是有利于爱情保鲜和提升幸福体验的。

如何管理好自己的期望值?

这里想跟大家强调的是，亲密关系中期望值需要双向管理。具体说，就是既要不断调整自己的期望值，合理预期，也要去了解与满足对方的期望值，让双方的满意度能够匹配。

首先是自我期望值的调整。很多时候我们伤心失望是因为期望值过高，那是不是期望值越低越好呢？也不见得。期望是爱情的动力，如果你对一个人已经无所求了，那其实也是一种内心的放弃或者厌倦，这样的心理预期肯定会让感情越来越糟。所以，期望值并不是越低越好，而是要合理。

什么叫合理的期望值？就是你了解自己的核心需求，也知道对方的性格特点，比如，用SWOT分析法得出优势与劣势，引导对方做能够做到的（尤其是针对核心需求），接受对方不能改变的，那么在关系中你可能就会少很多的烦恼。

比如我在第一讲中提到的那位漂亮能干的女性来访者，因为缺乏安全感选择了一个老实普通的暖男老公，她需要对方悉心照顾她，陪伴她，帮她分担家务和带孩子。体贴温柔、会照顾人本身也是对方的强项，是对方可以也愿意做到的，所以她的核心需求是得到了满足的，这属于合理的期待。

但是，她在遭遇诉讼危机的时候，期待老公马上变成一头雄狮，帮她到外面摆平一切，这个期待就是不合理的。对方缺乏相应的能力，也不可能一夜之间完成这样的转变，让对方去做他能力范围之外的事情，这就是苛求，需要调整自己的期望。

所以，我引导这位来访者去思考这场诉讼危机中对方究竟能够做到哪些支持工作，比如是否可以搜集相关的资料与证据，是否可以给她做好服务后勤工作，在她出去会见律师或者跑法院的时候，是否可以照顾好孩子和家庭。

她调整了自己的期望值以后，发现老公能够很好地配合自己这些后勤工作，让她能够专注地处理案件，而她发现自己的能力完全可以应付相应的问题，所以纠结逐渐放下，两个人的关系得到了及时的修复。

如何管理好对方的期望值？

管理对方的期望值相对来说更为困难，因为从人性的角度来说，我们都倾向于以己度人，而期望值又是一个不断变化的指标，所以我们很难准确掌握对方的期望值，管理也有点儿无从下手。根据我的咨询经验，给大家两个方法，可以从大方向上做好对方的期望值管理。

一是了解对方的核心需求，要多雪中送炭，并且最好是超出对方的预期。

为什么在亲密关系中，有很多人抱怨说，我为他付出了那么多，可他不但不领情，反而想要逃离甚至指责呢？这就是因为你给的很可能不是他想要的，这些付出对于对方而言，不仅没有价值，反而可能是一种负担。换句话说，对方需要一个苹果，你却给了一个梨，还不停地强调梨的营养价值比苹果高，这样的付出是很难达到对方的期望值的。那如何找到对方的核心需求呢？

可以参考我们第一讲中提到的方法，用目标四象限法和对方多谈心，同时多留意两个人的相处过程中对方的情绪反馈，因为我们知道，每一种情绪背后都是有需求的，那些让对方情绪反应明显更激烈的事情一般都涉及对方的核心需求。

比如在和妻子 Emma 的互动中，我了解到 Emma 的核心需求是被感激和认可，所以针对她对我的包容和支持，我都会不定期给她写信表达感激，还会在我的文章里直接写出来，尽管她有时也会说不好意思，但我知道她内心其实是高兴的。

并且我在家人朋友面前一直坚持夸赞 Emma 的大气贤惠，家人对她很尊重，也很喜欢她，朋友更是对她赞不绝口，这些行为都让她懂得我是发自内心地珍惜这段感情，让她有真正的美好体验。

所以针对对方的核心需求，你要全力以赴，舍得投入，甚至要超出对方的预期，比如对方喜欢收礼物，除了送一些小礼物，你还可以在一些特别的日子送一些贵重的礼物，比如爱马仕的丝巾，看似奢侈，反而能让对方长久地记住。

二是针对对方的非核心需求，要循序渐进，并且遵守峰终定律。

我们每个人的精力是有限的，不可能时时刻刻去讨好对方。一段好的亲密关系也应该是放松的，不可能时时紧绷，天天琢磨对方的需求。所以对于非核心需求，我们要循序渐进地付出。

在一段感情刚刚开始的时候，我们往往会感觉对方激情四射、全情投入，对自己的照顾无微不至。随着时间的推移和感情的发展，好像对方开始懈怠，对自己的关注越来越少，这个时候就很容易怀疑是不是不再爱了。

所以，爱情保鲜最大的一个挑战就是刚开始的时候体验太好。麻烦的是，这种巅峰体验没办法一直保持下去，所以当感情进入平淡期，很多人就会失望。换句话说，如果一开始让对方期望值过高，接下来逐渐走低，这种体验会很糟糕，也违背了心理学的峰终定律。峰终定律是由诺贝尔奖得主、心理学家丹尼尔·卡尼曼提出来的，是指我们整体的体验是由巅峰体验和最终结束时的体验一起决定的。如果巅峰体验来得太早，之后不断下降，最终结束时的体验又比较糟糕的话，那么整体体验就会比较糟糕。

如果一段关系一开始的体验就达到巅峰，然后逐渐走低，最后导致丧失信心甚至以分手告终，那么对这段关系的整体体验一定是糟糕的。但如果一开始不过度表现自己的殷勤，而是在满足对方核心需求的基础上，循序渐进地满足对方的期待，这样对方的满意度就会维持在一个稳定的水平，整体的感受也会更美好。

我有这样一对来访夫妻，双方两地分居接近三年，一周才能见一次，女方自己一个人带孩子非常辛苦，所以觉得非常委屈。这种委屈和亏欠感让她很容易愤怒，容易向老公大喊大叫，所以一周一次的相逢很多时候就演变成争吵，双方很容易陷入冷战，都觉得日子没法过下去了。

在咨询过程中，我帮女方梳理了她的核心需求，主要有两点：一是在养育孩子上，需要对方的分担与参与，这样既能减轻自己的压力，也有利于孩子的成长，避免“丧偶式育儿”；二是希望能够得到对方的肯定与赞美，因为小时候家里重男轻女，她有被忽视的经历，这也让她极度渴望被对方看见与关注，并且给予她认可。而老公恰恰有点儿木讷，所以她觉得自己嫁给了一块木头，情绪很容易失控，甚至有些歇斯底里，期待被老公看到，但这样反而让老公想躲着她，用沉默来回避矛盾。

我又帮男方梳理了他的核心需求，也是两点：一是希望老婆能够体谅他的辛苦，在好不容易的两天休息时间里给他一点儿休息与放松的空间；二是希望老婆不要用大喊大叫甚至拒绝夫妻生活的方式来表达情绪，这样只会让情况更糟糕。

所以对女方，我帮助她看到，丈夫是愿意帮助她育儿和承担家务的，只要回来工作就可以做到。但让对方马上变得浪漫起来不太现实，至少需要较长的学习过程。

而对男方，我让他意识到在目前两地分居的状态下，女方很难在两人短暂相处的时间里调整好情绪，让他放松和休息，甚至配合他过夫妻生活。

两地分居是一个影响他们感情的很现实的问题。我问男方：“你怎么看待两地分居的问题呢？有没有可能回来工作？”

男方的回答让我有点儿意外：“陈老师，其实我早就想回来了，我在外面也觉得很孤独。不过回来的话收入会少1/3，我怕她嫌弃我，因为她老抱怨我没本事，没给她好的生活。”女方直接抢话道：“我并不介意你收入少一点儿，只要你能帮我分担家务和一起带孩子，我就非常感恩了。”

最后，通过理性分析，男方选择回来工作，两个人的互动多起来后，双方的满意度都大幅提升，都重新找到了当初恋爱时的感觉。

尽管女方偶尔还是会抱怨一下男方不太懂浪漫，但她也明白当初选择对方也不是因为对方浪漫，而是有责任心，所以她调整了自己的期望值，只针对对方能做到的提出要求和明确、具体的指向行为，让对方知道要怎么做。而她也不再拒绝和男方拥抱、做爱，知道这是对方的核心需求，所以两个人都开始往感情账户里面存钱，本来接近破产的感情账户又开始充盈起来。

通过这个案例可以看出，两个人需要满足的都是克服物理上的距离，所以换工作就成了一个必然选择，尽管会有经济损失，但这样的损失对于爱情的保鲜和婚姻的经营是必要的。

完全改变性格，这并不现实，所以双方都调整了期待，而把主要精力集中在最核心的需求上，给对方雪中送炭，冷却的感情因此又慢慢回暖，爱情也做到了保鲜。

第4讲

目标清单

怎样判断一个人是不是合适的结婚对象？

都说“男怕入错行，女怕嫁错郎”。尽管现代社会，女性的纠错成本在下降，离婚也已经变得司空见惯，但离婚造成的伤害，尤其是对孩子的伤害还是非常大的，所以，结婚之前睁大眼睛挑选合适的结婚对象非常重要。

一个目标清单，助力准确判断

我有一个女性来访者，短短两年之内遭遇了两段婚姻的破裂，让她一度开始怀疑人生。她其实条件很不错，家境殷实，工作不错，长得很可爱，性格也比较开朗外向，但是在亲密关系上特别追求感觉，对如何选择结婚对象缺乏理性的思考。第一段婚姻是因为父母安排，男方家属于门当户对，男方也非常喜欢她，很殷勤，但是她总觉得对男方少了点感觉。我问她究竟少了点什么，她也说不上来，只是一直对男方比较冷淡，结果两人关系越闹越僵，最后不欢而散。

第二段婚姻的对象是她自己选择的，当时特别喜欢对方身上的艺术气质和酷酷的感觉（很少说话），完全无视对方原生家庭的问题。原来男方父母在他很小的时候离异，母亲有严重的抑郁症，最后自杀，男方很早就变得独立，但是也变得沉默寡言。女方开始觉得男方的这些特质很酷，但结婚后却成了她的噩梦，因为一旦遭遇冲突，男方就直接失踪，也不回她信息，让她特别崩溃，后来忍无可忍，又选择了离婚。

这就是典型的对结婚对象缺乏理性判断与选择，最后导致一地鸡毛的例子，在我的咨询中并不少见。

那如何才能准确判断一个人是否是合适的结婚对象呢？其实关键还是看你的核心需求。结婚毕竟还是比较现实的，涉及的因素也很多，需要全方位评判各种影响因素。这里我给大家介绍一个非常实用的管理学工具——目标清单，来帮你梳理另一半是否真正符合你对婚姻的期待，能够成为你理想的结婚对象。

不少人可能在购物、工作时都有罗列清单的习惯，对于要与什么样的人结婚，却很少有人会去列这样一张目标清单，这样做好像显得特别功利，但其实，列清单并不是让你完全按照清单去寻找结婚对象，而是通过借助目标清单这个工具帮助你理清自己的核心需求，判断对方是否符合自己的核心需求。现在闪婚闪离的现象越来越多，其中很重要的一个原因就是很多人仅凭一时的感觉就走进了婚姻，而没有去思考和判断对方是不是真的适合自己，所以，今天我就教大家如何用目标清单法防患于未然。

如何准备目标清单？

应如何准备这张理想结婚对象的目标清单呢？我用两个案例来分解一下目标清单的准备步骤。

首先来解读一下经典爱情作品《傲慢与偏见》中女主人公伊丽莎白的择偶智慧。这本书中故事的核心就是，一个聪明睿智但家境一般的女主人公伊丽莎白，如何嫁给了一个人人都想嫁的理想老公达西先生。

女主人公伊丽莎白能够嫁给万人迷达西先生，你可能会说是伊丽莎白命好，但其实如果仔细分析伊丽莎白的择偶观，就会发现她对于什么样的丈夫适合自己，还是想得十分清楚的。

她深得父亲宠爱，所以自我价值感较高，而父亲送给她的那句“一定要找一个你真正尊敬的人结婚”也成了她内心的择偶标准。那什么样的人才能赢得她的尊敬呢？我列了一张图来帮助大家梳理她的目标清单：

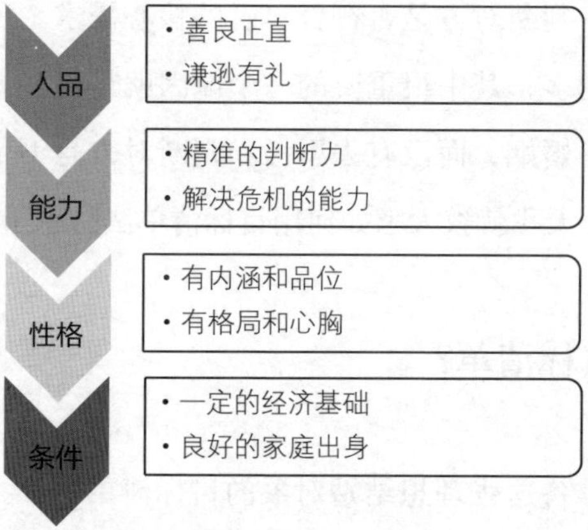

根据这张图，我们来简单分析一下她的目标清单。

在人品方面关注两点，一是善良正直。她非常讨厌谎言与欺骗，反感花言巧语、招摇撞骗的“渣男”。二是谦逊有礼。伊丽莎白聪明睿智，饱读诗书，知道这个世界有多开阔，所以在她的眼里，傲慢与无知几乎是画等号的。当达西先生表现出傲慢无礼的一面时，也把她的偏见完全激活，直接把达西拉入黑名单。当然，后面随着偏见一步步解除，她逐渐恢复了对达西先生的好感。

在能力方面，她比较关注对方精准的判断力与解决危机的能力。达西先生直接出面为她摆平妹妹私奔对她家名声的影响，并且做好事不留名，这一点深深打动了她，也赢得了她的信赖与欣赏。

在性格方面，她的期待是有内涵、有品位。当她知道达西是一个有远大目标和大格局的人时，就深深被他吸引了。而达西过于腼腆和不善言辞这些特点，她并不在意，因为她相信自己可以带领对方打开心扉。

最后在具体的外在条件方面，伊丽莎白还是比较务实的，她并不是完全不在意男人的外貌与财富，也觉得达西的财富地位很能为他加分，但前提还是对方不能因为财富有很深的优越感，表现出傲慢，她更在乎的还是对方更深层的东西。

其实伊丽莎白的择偶目标清单是非常符合选择婚姻对象的科学心理学的。从管理心理学的角度，我们在选择婚姻伴侣时，由外而内要考虑以下几个方面：

最外层是外在感知层。包括相貌、身高、举止、着装、谈吐和气质等，也就是给人的整体感觉，尤其是第一印象。

往里第二层是角色资源层。是我们扮演的社会角色和拥有的社会资源，尤其是职业角色，比如公务员，金融行业从业者，律师、医生等专业人士，企业家等，会有社会赋予的意义与光环。而社会资源则包括我们的家庭背景、个人财富、同学资源、社会关系等。

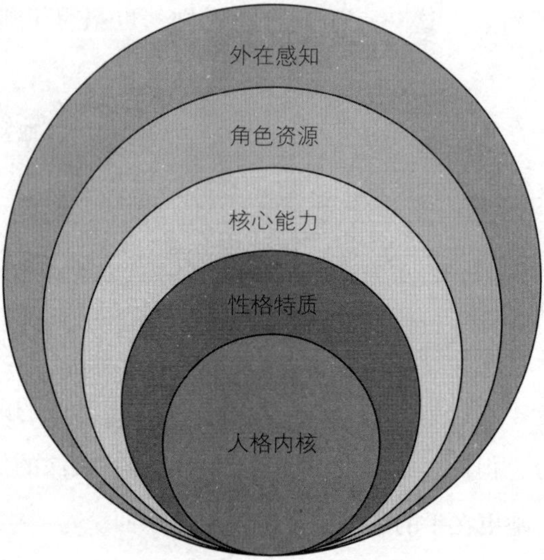

这两层其实还是比较表面的，更多的是从一些可以直接感知和量化的方面去判断，很多人选择结婚对象基本上都停留在对这两层的考量上。

比如本讲最开始提到的那位来访者，她的第一段婚姻主要的关注点在角色资源层，对方家庭条件不错，门当户对。但因为父母干涉，所以她很叛逆，不愿意磨合和深入了解对方更深层次的特点。而第二段婚姻的关注点基本停留在了外在感知层，对方外貌和气质很好，很有感觉，但是对于更深层次的东西一无所知，或者说视而不见（比如对方表现出的性格问题和原生家庭的问题），所以才会又一次陷入被动。

接下来向内第三层开始涉及一个人比较内在的东西，层层递进，真正决定了一段婚姻的走向和质量。

第三层是核心能力层，包括领导力、判断力、沟通力、执行力，以及危机处理能力。综合起来，就是一个人实际解决问题的能力。

核心能力在恋爱阶段其实不太容易被看到，短暂的接触能让我们大概了解对方处理问题的成熟度与分寸感，通过聊天可能能够了解对方的沟通力与判断力，但是对于危机处理能力和执行力的判断可能需要更长的时间，甚至需要经历一些危机。

这也是我不建议闪婚的原因，因为很多内在的品质和能力很难在短时间里完全暴露出来，后面我会详细讲到恋爱多久结婚比较合适。

向内第四层是性格特质，比如善良、真诚、坚毅、包容、感恩等。我们都说两个人相处到最后其实看的是人品，能不能真正为对方考虑，愿不愿意包容对方的缺点和真诚袒露自己，这些都是决定一段婚姻质量的关键。

最里面的第五层，则是一个人的人格内核。主要有三个方面：

一是安全感，童年时期是否形成了安全的依恋模式，是否得到了父母的妥善照顾与爱。

二是自尊水平，也就是我们经常说的价值感，一个人是不是觉得自己值得被爱。

三是内在动力，包括一个人的使命、愿景、价值观以及最内在的激情和动力。

从这里我们可以看出，要了解一个人的人格内核，需要时间和方法，更需要勇气去深入地交流与碰撞。

我们需要去了解一个人的原生家庭的状况，因为一个人与父母的关系、童年是否得到了父母良好的关照与爱真的会影响一生。了解这些方面并不是要用这些来歧视对方，而是在做出婚姻选择的时候知道自己可能会面对怎样的风险。

比如那位来访者，她在第二段婚姻之前，已经了解到对方的原生家庭有很大问题——父母离异，母亲严重抑郁到自杀。这些经历给他的童年留下了很深的心理阴影和创伤，也导致了他性格上的封闭和沉默寡言。而她却误以为这是酷和安全感，无知无畏地走进这段婚姻，并且对对方抱有不切实际的期待，比如得到对方的关注与体贴。这无异于缘木求鱼，婚姻的悲剧种子早就种下。

一个人的价值感和内在动力决定了他是否真的能够取得成功，以及在遇到逆境时能否坚持下来。一般能够看到这一层的，是自己对生命的意义有过严肃思考也非常清楚自己想要什么的人，有比较清醒的自我认知，能够通过不断的自我成长与修炼来改变自己的性格与能力，让自己配得上自己想要的东西。

所以，选择合适的伴侣还真是一个人综合素质的体现，要想真正找到优秀的伴侣，其实还是取决于你究竟看到了哪一层，是只停留在对方的外表与职业角色层面，还是开始关注对方的能力与性格特质，抑或真正开始关注对方最内核的人格特质与价值观。你关注什么，就会选择什么，最后可能也会收获什么。

我有一个来访者就是通过使用目标清单这个工具，找到了自己的理想伴侣，实现了人生的逆袭。

她和电视剧《都挺好》中的女主角苏明玉有相似的遭遇，出身于重男轻女的家庭，父亲患重病导致家境贫穷，她努力争取到了上学的机会，奋发图强，最后读完大学留在了北京。她知道自己的条件不理想，但是很明确自己最需要的是什么。

一是可靠的人品。她需要对方踏实、稳重、包容，能够理解和包容她的创伤经历，要有责任心，能给她安全感。

二是过硬的专业能力。在北京生存，她知道过硬的专业能力才是立身之本，尤其对于两个白手起家的人。

三是价值观接近。她自己是靠奋斗过来的，她期待对方也是一个上进、勤俭、肯吃苦、有韧劲和重视家庭的人，两个人对于婚姻的目标是否一致是她很看重的。

确定了这三点以后，她对另一半的长相、学历、家庭条件方面都做了妥协。她和男朋友刚开始相处的时候，家人和朋友都说她傻，说对方没房没车，学历还没她高，人也不帅，图什么。但她很清楚自己的需要，引导男方一步步发展，两个人白手起家，共同打拼，现在在北京过上了富足幸福的生活，而男方对她也充满了感激，感情甜蜜如初。

上面详细分解了列理想对象目标清单需要考虑的因素，那么，我们应如何来确定自己的目标清单，运用它来衡量对方是否是合适的结婚对象呢？这里给三点具体建议。

一是列出适合你的目标清单。

具体来说，根据自己的核心需求，根据前文那张分析对象的结构图，从最外层的外在感知到人格内核层，每层选一到两个核心需求，列出一张有 5~10 个需求的清单（可以参考第一讲中提到的核心需求的确定）。

不建议少于 5 个，也不建议超过 10 个，因为每多一个要求，符合的人数就会急剧减少，这也是很多优秀女生愁嫁的原因，有时标准太多，选择圈太小，会导致难以匹配合适的资源。大家有必要对自己进行一个全面的 SWOT 分析，了解自己的优势和劣势，对自己有一个清晰的认知。

二是明确清单的具体内涵。

罗列的项目一定要具体，正如我在第一讲提到的那样，要具体、明确、可衡量，最好能用一个事例来说明。比如你期待的是有责任心的人，那么对你来说责任心意味着什么？是帮你承担具体的家务、一起养育孩子，还是在你面临生活危机时能够挺身而出，为你化解危机？越具体，越明确，越有利于具体的操作。

三是给清单上的标准进行优先排序，逐项核实。

“什么是你最在意的品质？如果只能选一个，你会保留哪一个？”通过问自己这个问题，来逐步确定清单的优先排序，可以找家人、朋友或者专业人士讨论一下，确定好优先排序后可以根据清单进行核实，建议排在前三的需求不要轻易妥协，相对靠后的需求可以适度妥协。当然，毕竟感情不可能完全量化，还是要尊重自己的直觉和整体感受。

第5讲

亲密关系四阶段

闪婚可能存在什么风险？恋爱多久结婚才合适？

随着社会的快速发展，快餐式的爱情变得越来越普遍，从而带来各种风险。闪婚甚至成为一种潮流，有些年轻人甚至感叹，反正离婚率那么高，精挑细选也不见得能遇到对的人，还不如节约时间和精力，趁着激情迅速结合，不合适了就分开。

根据我做法官时处理离婚案件的经验，闪婚恰恰是导致“短高快”（认识时间短、激情高、离婚快）婚姻产生和离婚率迅速攀升的重要原因。很多人凭着一见钟情迅速走进婚姻，或者由于年龄到了，家里人又催得紧，遇到一个条件还过得去的，就匆匆结婚，却很快因为觉得对方不够完美或者婚姻生活过得一地鸡毛而想要逃离，最终身心受到极大的损害，甚至孩子也无辜受累。

闪婚有风险，态度需谨慎

我就有这样一个来访者，她学历很高，但是恋爱经验很少，以前一直忙着学习和工作，也没顾上谈恋爱，不知不觉就成了大龄剩女。因为家里催婚，她自己也比较着急，后来遇到一个热烈追求她的人，不到半年就结婚了。

结婚以后就开始暴露出各种问题，比如男方的控制欲特别强，只要她和其他男性朋友或同事来往，他就会暴怒，而且会用各种情感虐待的方式来对待她，包括讽刺挖苦、谩骂和冷暴力。她一开始把这理解成对方在乎自己的表现，也主动疏远其他男性，甚至断了和他们的来往。但这并不能让对方满意。对方开始要求每天查看她的手机，并且要求全部财产归自己管理，女方也都一一答应了。男方脾气越来越大，后来还出现了家暴。当然每次家暴之后他都会不停地自责和认错，不过下次还是会动手。女方切实感受到了危险，找到了我，但是两个人结婚三年，已经有了孩子，离婚似乎也没那么容易，女方陷入了非常痛苦的抉择当中。

这其实就是闪婚最典型的风险之一。根本没有看清楚一个人的本质，尤其是性格缺陷，从而陷入可怕的控制甚至家暴之中。根据我的经验，闪婚确实更容易出现风险，具体如下：

1. 常规风险：闪婚容易导致闪离，让自己的身心受到伤害。比如上一讲提到的那位连续经历两段失败婚姻的来访者，都是闪婚闪离，尽管没有小孩，但因为离婚后被父母嫌弃，被亲戚朋友议论，再加上对自己未来的担忧，她甚至一度抑郁到想自杀。所以，离婚对于我们内心的冲击是很大的。

2. 非常规风险：如果双方因为感情不和，能够顺利离婚，一般还只属于常规风险，但就怕有些人别有用心，那可能还会遭遇更大的风险。

（1）财产风险：闪婚容易离婚难，尤其是在财产分割不清的状况下，在法院起诉离婚能够拖上一两年，让人身心疲惫，甚至人财两空。前两年一个闪婚后被女方勒索赔偿 1 000 多万元的天才程序员，最后因为无力支付女方的天价索赔，直接选择跳楼，其实他遭遇的是专业靠闪婚来骗取财富的狠角色，最后落得人财两空。

（2）家暴风险：面对有性格缺陷又不愿意离婚的家暴者，自我保护会变得非常困难。而在法院，面对性格比较偏执的一方坚决不离婚的情况，法官也不敢轻易判离，这个过程也非常磨人。如果有小孩，那情况又会复杂很多，前面我刚刚说到的案例，就属于这种情况。

（3）名誉风险：如果另一半胡搅蛮缠，甚至跑到自己的公司闹，或者在网上散布个人隐私等，很可能会影响自己的名誉。不少名人就是因为这样的纠缠人气大减，焦头烂额。

虽然正常恋爱结婚可能也会出现上面这些风险，但闪婚中出现的概率会大很多。可能有人反驳说，闪婚也有过得很幸福的例子，比如贝克汉姆和维多利亚。确实，并不是闪婚就一定没有好结果，但从亲密关系心理学研究的角度来说，在经营好一段稳固的婚姻方面，闪婚确实有着先天不足，因为它背离了亲密关系管理的一些基本发展规律，即亲密关系发展的四个阶段。

亲密关系发展的四个不同阶段及潜在风险

亲密关系发展的四个阶段，具体有什么特点和潜在风险，为何对我们的婚姻影响这么大？接下来我们来系统梳理一下。

1. 月晕期

月晕期是亲密关系的第一个阶段，也是最容易发生闪婚的时期。

月晕期是指“情人眼里出西施”这个阶段。这个时期，我们看到的往往都是对方身上的优点，自身也有动力暂时伪装自己，成为对方眼中的理想情人，互相怎么看怎么喜欢。但这种美好的感觉是因为多巴胺的作用，只能持续 3~6 个月，最多一年。所以这个阶段的美好感觉只是短暂的存在，并不足以支撑一段持久美好的婚姻。之后，亲密关系会进入幻灭期。

2. 幻灭期

幻灭阶段又称冲突阶段，是所有感情问题集中爆发的时期。

这个时候，激情已经慢慢退去，彼此身上的问题也开始不断暴露，我们对爱情的想象遭遇了冰冷的现实，对方在我们眼里，从怎么看怎么喜欢变成了怎么看怎么不爽。所以很多亲密关系也基本结束在这个阶段。

也有相关研究发现，相处 3 年左右是感情破裂的第一波高峰期，因为感情基础还不够，而关系中出现的问题又累积得比较多，这个时候最容易分手。根据我在法院的审判经验，结婚 2~3 年后，孩子刚出生，双方父母又过来帮忙，各种压力叠加，双方很容易崩溃，最后选择离婚，留下的往往是无辜的孩子。

感情破裂的第二波高峰期出现在关系开始后第 7 年左右，也就是我们说的七年之痒。但这个阶段的离婚率不如 3 年左右的那么高，并且经历这次考验以后，离婚率是直线下降的。所以，三年之痛与七年之痒是幻灭期的两次大考验。

尤其是第一次冲突高发期，如果能够在结婚之前做好心理准备，在更好地了解彼此之后再走进婚姻，那样婚姻破裂的概率就会大大降低。

3. 内省期

如果一段关系可以熬过幻灭期，就很有可能进入到内省期。

内省阶段是开始自我反省的阶段，也就是不再纠结于对方的问题，开始在自己身上找原因，了解自己的内在模式问题，比如自己的内在模式究竟是怎样的、自己在亲密关系冲突中应该承担什么样的责任、今后自己有没有可能改变等问题。这是成长与关系重建最为关键的一个时期。

4. 启示期

最后是启示阶段，也被称作开悟阶段，这个阶段彼此开始灵魂相通。

在这个阶段，我们终于学会用爱去包容对方，也愿意全然接纳自己的童年阴影，学会拥抱内在的小孩，于是亲密关系进入到一个更高更深的阶段。这就是我们说的深度亲密关系的状态。当然，能够修行到这个阶段的关系并不多，也不容易，但是这个方向是我们管理亲密关系共同奋斗和前行的方向。

了解了亲密关系的成长阶段，你就会明白在一段亲密关系中遇到问题和冲突是不可避免的。所以关键不是如何去避免冲突，而是如何通过冲突更好地了解对方，以及如何解决问题。在双方都具备解决问题的能力以后，再进入婚姻是比较明智的选择，因为即使恋爱和婚姻同样遭遇幻灭期，相比之下，在婚姻中情况会复杂很多。所以闪婚会出现这么多问题，承受这么多风险，婚姻从一开始就卡在了幻灭期不得动弹，出现各种问题又不知道该怎么去调和，只想让人尽快逃离婚姻。

我们知道了闪婚存在风险，也知道了出现问题的原因，那恋爱多久适合结婚呢？其实这个问题并没有统一的答案，毕竟每个人的相处方式不一样，包容度也不同。根据我的咨询与研究经验，如果能够恋爱和相处一年以上，尤其是已经经历了幻灭期的磨合，对彼此的缺点有了充分的了解和包容，也学习了冲突管理的技巧后，再走进婚姻，婚姻幸福的概率会大增。

心理学家泰德·哈德逊（Ted Huston）教授也说过，“婚姻破裂，是因为你在谈恋爱时就没选对人，并且对婚姻的准备也不充分”。他还做过一项名为“恋人计划”的研究项目，这项计划跟踪研究了 168 对情侣长达 13 年之久。最终的研究结果之一是，那些幸福地走入婚姻的情侣，平均恋爱时长是 27 个月（两年零 3 个月），这些人获得幸福的概率更大。

如何规避闪婚风险？

除了时间上的判断，最后我还想给大家几点规避闪婚风险的方向性建议。

1. 适当的考察时间与磨合方式。

幸福婚姻的缔造除了受恋爱时长的影响，与两个人的恋爱相处方式也有很大关系。恋爱时感情太淡或者太浓都会发生问题。感情太淡的就是我们说的将就，明知道对方不是自己心仪的对象，只是因为年龄大了，凑合心态，基于这样的感情走进婚姻，出现问题倒很好理解。

而爱得浓烈也同样会遇到问题。因为容易理想化对方，期望值过高，最终导致对另一半失望，这点容易发生在年纪比较轻、恋爱经验少的人身上。所以我们在走进婚姻之前，不妨问自己这样几个问题：你们之间的爱情，是否太过浓烈，以至你都看不到对方的缺点？或者，你们之间的爱情是不是充满问题，但你一直都选择忽视？确定自己不是盲目冲动，通过合适的沟通方式深入了解对方后再考虑婚姻也不迟。

2. 做好财产、冲突等风险的相应预案。

对于可能面对的财产风险，我们有必要心生警惕。尤其对于闪婚，一定不要回避谈钱，因为有时这就是个清醒剂，能让两个沉浸在幻想中的人迅速回归现实。至于具体的财产分割，可以请专业人士协助办理，后文也会涉及。

3. 做好应对幻灭期的心理准备。

不管是不是闪婚，幻灭期都是我们需要经历的挑战。要理解幻灭期是所有亲密关系必经的阶段，不要逃避。很多人之所以卡在幻灭期，是因为对两个人的相处抱有不合理的期待。所以做好期望值管理很重要，也是爱情保鲜的秘诀。不要逃避冲突，要学会积极沟通，可以从以下几个问题入手，尝试或在发生冲突的情况下与对方深入沟通：

• 为什么你会选择对方?

• 对方曾经最吸引你的点是什么?

• 那些特质是否还在?(如果不在，为什么变了?)

• 对方为这段关系到底做出了怎样的贡献?

• 你最期待的亲密关系是什么样的?(你期待和对方共同描绘怎样的未来?)

很多时候，我们的感情需要被唤醒。重新唤醒当初喜爱和欣赏对方的关键点，学会满足彼此的核心需求，才是顺利度过幻灭期的核心技能。

第6讲

细节管理

婚前该不该同居，会有哪些风险？

婚前同居，利大于弊

很多人在恋爱阶段对于“婚前要不要同居”这个问题感到困扰。受到社会大环境和自身思想观念的影响，有一部分女性会担心“婚前同居会不会让自己掉价”“万一最终分手了，会不会影响自己将来找另一半”之类的问题。我在做情感咨询的过程中，也有不少来访者遇到了因同居导致的情感问题，总结起来，主要概括为下面两类典型情况。

一类是婚前坚持不同居，但结婚后不久，发现对方和自己不论在性生活还是生活习惯方面都很难协调，争吵非常多，很想逃离，却又担心太过草率，希望我能给出一个客观的评估。这些来访者婚前缺少同居经历，也缺乏机会去了解对方的生活细节，导致婚后生活与期待的生活落差巨大，出现各种摩擦。

曾经我的一个来访者就跟我哭诉，结婚以后感觉丈夫对她并不感兴趣，不仅性生活很少，即使有也是草草了事，毫无激情。这让她感觉很痛苦，觉得对方并不爱她。

我问她结婚之前是不是也这样，她很不好意思地说，结婚之前因为家里管得比较严，双方基本上没有具体相处的经验，更不用说同居了。他们一起外出旅游，男方还要了两个房间。她当时还觉得对方很绅士、很体贴，没想到其实是对这方面没兴趣。但她现在痛苦的是，对方在其他方面对她都很体贴照顾，两个人各方面条件也比较般配，她不知道要不要因为这个问题选择跟对方离婚。

还有一类情况，就是双方已经同居了很长时间，但一方迟迟不肯面对结婚的问题（往往是男方居多），相对着急的一方找到我咨询双方是否还有继续下去的必要。

我的一个来访者，和男友已经同居 7 年，她也几次提出想结婚的打算，但男方始终没有正面回应，反而说，现在这样挺好，没有双方父母的干涉，没有孩子的打扰，过二人世界。她觉得对方说得也有道理，除了没有一纸婚约，两个人还是挺幸福的。只是她已经30岁了，家里催得很厉害，她也觉得不结婚没办法放心要小孩，而一旦分手，她已经成了大龄剩女，也没有信心去开始一段新的感情，何去何从，她非常纠结。

所以，对于婚前要不要同居的问题，还真没有办法一概而论。我们最需要做的还是认真梳理婚前同居的利与弊，然后根据个人情况做出选择。根据我的咨询经验，婚前同居至少有以下几个方面的好处。

一是增进了解，尤其是对生活细节的了解。

我反复强调，良好的婚姻需要基于两个人的深入了解，因为爱体现在日常的细节中。比如你了解了对方的作息时间、饮食习惯、卫生习惯，能够根据对方的特点做出一定的调整，那么两个人就开始有了细节上的相处。

同样，对方也懂得在你生理期的时候倒上一杯温水，在你心烦的时候带你看一场电影或者安排一顿特别的晚餐，又或者在你还没起床的时候能够轻手轻脚地给你做一顿早餐。这些懂得与体贴，是在往双方的感情账户里不断"存钱"，让双方在步入婚姻时就已经有足够的感情基础来抵御风险。

二是提前磨合，求同存异，或者及时止损。

同居可以说是婚姻之前的压力测试。就好像我们接种疫苗是为了更好地预防病毒一样，提前经历和婚姻相处模式很像，但是在双方父母、财产和子女等问题上简单得多的同居关系，其实是给双方提前磨合的机会，求同存异，基于理解和包容，减少婚姻中因为差异带来的冲突，为双方顺利度过婚姻的幻灭期打下良好基础。

此外，通过婚前同居可以看出彼此的一些优缺点，尤其是缺点。因为大多数人谈恋爱的时候，都是极力表现出好的一面，而同居时两个人朝夕相处，很多生活习性是没有办法刻意伪装的。如果同居期间你没有办法接受对方与生俱来的缺点，还可以选择分手，及时止损，这总比结婚后发现不合而离婚要好很多。

三是建立友谊，为幸福婚姻打下坚实基础。

婚姻教皇约翰·戈特曼说过，“幸福的婚姻基于深厚的友谊，丈夫与妻子彼此间深度融合。他们不只是一起生活，他们还支持彼此的愿望与抱负，为他们的生活融入共同的目标。”婚前同居是非常有利于伴侣友谊的建立的，因为这个时候的相处更像是亲密有间的朋友，毕竟两个人在法律上还没有过多介入对方生活的权利，不管是财产还是隐私。

就像我和妻子 Emma 的四年婚前同居生活，基本上奠定了我们婚姻深度融合的基础。四年的相处中，我们互相尊重，分享目标和梦想，并且对于是否要结婚进行了认真评估和探讨，在决定走进婚姻的时候，内心其实已经非常确信要和对方厮守终生，所以非常顺利地度过了婚姻的幻灭期。

虽然我自己深知也享受过婚前同居的好处，但是婚前同居的弊端也非常明显。

一是因缺少承诺而拖延结婚。

就像我前面提到的例子，对于某些人来说（男性居多），同居可以享受婚姻的好处与便利，但是不需要承诺，更不需要真刀真枪地考虑买房、生孩子等很实际的问题，如果不爱了，分手也不用承担离婚那样的后果，所以容易成为某些缺乏责任心的人拖延的招数。

在这种情况下，期待通过同居最终走进婚姻（女性居多）的一方，一定不要把同居变成一场马拉松。如果对方确实没有和你结婚的打算，就不要让自己陷在遥遥无期的等待中耗尽青春与自尊，要懂得及时抽身，去寻找真正敢于承诺和担当的另一半。

二是世俗偏见与社会舆论的压力。

在某些思想相对保守的地方，同居对于女人来说是一种不够洁身自爱的表现。如果最后两个人因为各种原因分手了，可能很多人就会指指点点。

更可怕的是，选择同居的女性本身受到这种保守观念的影响，觉得只要同居了，自己从此别无他选，所以就算相处过程中感觉不合适，也继续选择和对方走进婚姻，最后酿成婚姻悲剧。

或者害怕同居之后发现不合适，分开会降低自我价值感，害怕未来的老公会因此嫌弃自己、不愿意接受自己。

通过上面的分析，我们比较清晰地知道了婚前同居的好处和风险。婚前到底该不该同居，关键还是看你自己能不能坦然面对同居这件事。但总体而言，婚前同居在大多数情况下还是利大于弊的。如果双方已经有了结婚的想法，那么婚前同居还是很有必要的。从某种程度上来说，有策略的婚前同居能够为你们将来的婚姻起到保驾护航的作用。但是如果两个人在同居过程中不懂得如何管理彼此，那也很有可能因同居导致关系走向终结。

如何有策略地进行婚前同居？

这里和大家分享一个实用的管理学工具——细节管理。细节管理是企业管理的一个重要工具，很多伟大的企业都非常注重细节管理，比如迪士尼乐园的客户体验和丰田汽车的成本控制，都是细节管理的典范。

亲密关系管理也同样如此，需要深入到生活的细节当中，尤其是涉及婚前同居的尝试。清楚了解和关注那些对婚姻质量会产生重大决定性影响的细节，建议从以下几个方面做好细节管理。

第一是性生活的和谐度。

尽管我并不认为同居完全是奔着提早享受性爱乐趣而来，但是性生活的考察有必要成为同居考察的重要细节。

比如，我在本讲最开始提到的那个来访者的情况。婚前缺少对性生活的了解，导致婚后性生活不和谐，甚至出现无性婚姻的情况并不少见。据知名社会学者潘绥铭调查，中国35岁以上夫妻中无性婚姻占到三成，性生活不和谐也是导致婚内出轨的重要原因之一。

所以，在同居阶段要深入去了解一下彼此性生活的偏好和习惯是否合拍。如果不太和谐，是否可以更早接受有针对性的咨询。如果努力了还是不合适，选择分开也是明智的选择。

第二是作息与运动。

仔细观察一下对方的作息是否规律，跟自己合不合拍，双方愿不愿意为彼此做出一定的妥协，对方打鼾严不严重，对方是否爱好运动，双方有没有可能一起参与运动。

我有一对新婚夫妻来访者，女方对男方强烈不满的一点就是男方经常晚上看电视或者打游戏打到很晚，而她本身睡觉就很轻，很容易被晚睡的丈夫打扰。时间一长，她都开始有些神经衰弱，脾气也越来越大，两个人因为这个问题吵了很多次，非常伤感情。

作息与运动这些事情看起来是小事，但其实涉及一个人基本的生活态度，对于双方生活的合拍度和趣味性都有重大影响，有必要在同居的时候考察清楚。

第三是饮食和卫生。

饮食习惯的调和不是一朝一夕之功。在日本，有些女性还专门去找婆婆学做几样老公最爱吃的菜，增进夫妻感情。

同居期间，在饮食习惯方面，至少摸清楚对方喜欢什么样的口味，双方的饮食习惯是否能很好地调和，以及买菜做饭洗碗这类家务如何分配等。

双方的卫生习惯差异也是夫妻冲突的重灾区。一个特别爱干净的遇上一个特邋遢的伴儿，可想而知每天会有多少“战争”。比如，洗澡、洗脚、洗衣服的频率如何，有没有抽烟的习惯，有没有乱扔东西或者收拾屋子的习惯，愿不愿意保持整洁等，这些习惯直接决定了生活的品质，也是需要重点考察的方面。

第四是消费习惯。

消费与财务规划涉及两个人婚后生活的经济稳定程度，也是需要重点考察的领域。同居期间，一般不建议财产直接混在一起，但可以重点考察双方的消费理念是否匹配。

一是双方对于愿意花钱的点是否一致。比如女方如果喜欢买点有情调的小礼物，男方却认为这个是浪费，而男方在吃饭喝酒等问题上十分舍得。这可能就是双方在意的点不一样，需要认真地沟通，如果无法互相理解，可能婚姻生活会有很多冲突。

二是双方花钱的习惯是否差异太大。比如一方花钱比较大方，另外一方特别抠门，那么两个人发生冲突的概率就会大很多。

三是是否愿意接受对方的影响。比如自己穿着比较随便，但能够尊重对方在穿着上讲究品质；自己比较节省，但舍得给对方买礼物。另外，是否愿意和对方一起讨论生活的开支如何公平地分担，并认真做好未来的财务规划等，都是将来影响两个人婚姻生活的很重要的消费习惯。

对于生活习惯的细节管理，我的建议是“先观察，缓评判，重记录，勤总结”。也就是尽量多观察，多记录，根据这些细节去了解对方，而不是着急去评判对方的对错好坏，因为很多时候生活习惯无所谓好坏，只有习不习惯。你要做的是通过观察和总结，判断对方的习惯自己能不能忍受，如果不能，可以考虑分开，而不是妄想轻易去改造对方。

第7讲

最佳博弈策略

如何应对伴侣出轨的风险?

出轨，当代婚姻不可承受之痛

出轨是导致离婚非常重要的因素，也是我咨询工作的重点与难点。不少来访者都是因为遭遇出轨的背叛找到我，希望我能对他们的感情和婚姻做一个客观的评估。面对另一半的出轨，他们陷入痛苦中不能自拔：想离开，却又还有感情，也舍不得孩子（很多夫妇都有了孩子）；想继续，却没法忘记背叛的伤痛，信任也已经被摧毁，对方任何一点可疑行为都会让自己抓狂。

我有这样一对年轻夫妇来访者，男方在女方怀孕期间就开始出轨，并且持续时间有一年多，女方在哺乳期无意间发现了男方与第三者的信息往来。更夸张的是，男方就在同一栋楼给第三者租了一套房子，给老婆买礼物的时候也会给第三者买一份。了解到这些细节后，女方怒不可遏，觉得自己的婚姻就是一个巨大的谎言，尽管男方解释说自己已经断了这段关系，并且保证不再犯，但是女方完全没有办法再信任他，任何一点情绪刺激都会让她失控。她会对男方疯狂谩骂，甚至会动手打对方耳光，但男方就是坚决不离婚。她也讨厌这样的自己，但没有办法控制自己的情绪，脑海里经常会浮现老公与第三者在一起的画面，也没有办法再和老公过性生活。找到我的时候，两个人的婚姻已经处于崩溃的边缘，但是因为有孩子，也因为还放不下曾经的感情，两个人还想做最后的挽回的努力。

像这对夫妻的情况我在咨询中并不少见。据统计，现在中国婚姻的出轨率令人触目惊心。《事实说》曾经做了一份 7 万名网友参与的《中国人出轨态度调查报告》，报告显示，六成以上的男性有过出轨经历！而有过出轨念头的男性则高达 83%！女性也有过半数的人有过出轨念头，实际出轨的比例也在三成以上。

可以说，出轨已经成了一种流行病，也是当代婚姻不可承受之痛。

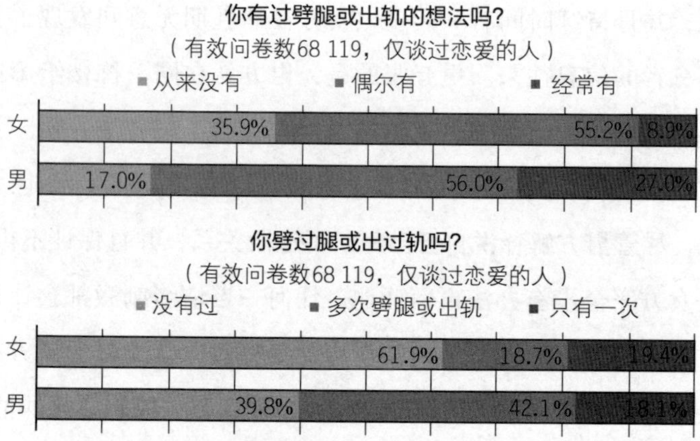

数据来源：《事实说》调查
调查支持平台：腾讯问卷

如何有效应对出轨的风险？

我从博弈论的角度来探讨一下如何应对出轨的风险。沃顿商学院的管理学大师亚当·格兰特教授通过多年的实战研究发现，在商业竞争的博弈中，最佳博弈策略是针锋相对，也就是“对合作心怀善意，对背叛针锋相对，对求和慷慨包容”。具体如何理解呢？

比如，在三次互动博弈过程中，你第一次选择信任对方，并且非常坦诚地合作，当然也需要通过合同来明确背叛需要承担的后果。但是如果对方没有遵守约定，选择了背叛，在这种情况下要不要选择报复呢？

大量的实例研究证明，需要报复！你可以坚决执行合同中约定的违约责任，也可以明确选择结束合作关系，让对方知道你不是好惹的。通过这样的互动，对方知道了你的底线，也明白背叛是要承担更大代价的。这个时候，对方有可能会选择妥协，期待能够和你重新回到合作的轨道上。

那你在这个时候要不要选择原谅和继续合作呢？从最佳博弈策略的角度来说，是建议你选择原谅，重新回到合作模式中来的，因为你已经让对方看到了背叛的代价，所以对方从成本收益的角度出发，不会再轻易选择背叛。

这就是最佳博弈策略，它同样适用于应对出轨风险。对于你的另一半，在一段关系开始时，我们要尽量怀抱善意去建立真诚信任的关系，但在面对出轨的背叛时，要选择针锋相对地报复，让对方知道背叛的代价，并感受到痛。如果对方选择服软，双方也还有感情，那就放下恩怨，重新开始。

落实到出轨的问题上，就是分别要做好出轨前的预防、出轨中的报复，以及选择修复感情、继续婚姻，明确再出轨的代价。我们通过前面的案例来一一分解一下执行的步骤。

1. 出轨前：选择信任，建立规则，明确后果。

美国婚姻教皇约翰·戈特曼在谈到出轨问题时明确指出，出轨只是一段不幸（或失败）婚姻的征兆，而不是其产生的原因。也就是说，在出轨之前，这段婚姻早已出现问题，只是双方当事人选择了忽略这些问题，最终一步步滑向出轨这个旋涡。

所以防止出轨的最佳方式是深度的信任与亲密。两个人在婚姻中都能享受婚姻的状态，能够彼此融合，互相欣赏，共同成长，这样的关系对于外界诱惑的免疫力是最强的。而这种关系的维持，在“如何让爱情保鲜”一讲中，我教过大家通过管理双方的期望值让彼此更满意。大家可以再去看一下。

但是，两个人选择珍惜彼此，并不代表不能明确相处的规则与后果。在我咨询的案例中，确实有这种情况，一方对另外一方盲目地信任与纵容，导致另外一方幼稚地认为即使出轨，对方也不会介意。

所以，我建议关系双方有必要深入探讨一下自己的底线是什么，针对出轨这样的事件自己是什么态度。对方如果一开始就清楚你的态度，那么触碰底线的概率会相对减小。

2. 出轨中：留意变化，搜集证据，核实情况。

正所谓冰冻三尺，非一日之寒。一段婚姻走到出轨的地步，肯定是有一个发展过程的。根据我的咨询经验，一段婚姻中如果出现了以下一些迹象，可能就有出轨的风险。

一是开始说谎。

如果你留意到对方开始隐瞒自己业余时间的安排，或者与异性朋友的来往，甚至用各种谎言与借口来搪塞，这个时候就需要警惕了。当然，有时我们会为了息事宁人而说谎，因为害怕对方想太多而选择避重就轻，但这样恰恰容易破坏彼此的信任。

面对谎言，不用过度反应，可以先问问对方为什么这么做。如果确实是因为自己有时过于情绪化，让对方不得不说“善意的谎言”，那可以一起探讨应对敏感事件更好的方式，这反而会成为彼此加深亲密度的机会。但是，如果对方一再回避，甚至用一个谎言来弥补另一个谎言，那就真的需要认真对待。很可能对方在隐藏一些重大秘密，而出轨很可能是其中之一。

二是性欲减退。

性欲减退不一定都跟背叛有关，随着年龄增长和生理变化，性欲减退有时不可避免。但是如果这种性欲的减退没有通过坦诚和关爱的方式来处理，就会产生伤害和拒绝，损害婚恋关系。尤其是性欲减退导致两个人亲密程度降低，这对关系与信任而言都是有害的。这会让一方或双方感到不安全且缺乏吸引力，但会因为尴尬而不愿去确认。

性亲密程度的降低往往也是出轨的先兆，毕竟出轨在很大程度上与新鲜感产生的性吸引有关。

在我咨询的案例中，男性在女性孕期和哺乳期出轨的问题并不少见，很大程度上就是通过出轨来解决性需求的问题。但这对女性会造成双重伤害，情感修复难度也很大。

就像我前面提到的那个案例，女方在怀孕期间发现男方很少再向她提出性的需求，还以为这是男方体贴的表现，并且她自己也总担心性生活可能会对肚子里的孩子有不好的影响，所以也没主动挑开这个话题，最后才发现其实对方是通过出轨来解决这个问题。所以对于一方性欲的减退，一定要足够敏感，而且要尽量坦诚沟通这个问题。

三是手机密码或者生活习惯上的突然变化。

关于一方是不是可以随便查看对方手机的问题，我的态度是，不要轻易去查看对方的手机，这代表尊重与信任，但是可以保留查看的权利，比如共享手机密码之类的。

如果对方突然改掉共享的手机密码，但没有主动告诉你改密码的原因，这个时候你可能就得警惕了。我就有这样一个来访者，面对对方突然改密码的情况，因为害怕对方指责自己不够信任，所以没有选择去询问。结果等到发现对方出轨的时候，大半年已经过去了，而对方给他的反馈是，觉得他并不在乎自己，自己改密码的时候，如果询问她，很可能之后就不会出轨了。

尽管我不认为监督就能完全杜绝出轨，但在最早期的时候，如果能够通过一些迹象的突然变化感知到风险，可能确实能够预防出轨。比如对方以前不太注意形象，突然开始变得讲究起来，或者经常晚归，又或者偷偷出去打电话等，比较明显的变化都是需要认真去了解的。

不过，假如已经发现了出轨的迹象，比如在对方手机中发现了暧昧短信之类的，这个时候如何处理比较好？

我的建议是在真正弄清楚情况之前不要急于摊牌。因为一点蛛丝马迹就大吵大闹，很可能会让对方下不了台，有直接导致关系破裂的风险。最好等到确认后再采取下一步行动。

3. 出轨确认后：付出代价，找到原因，评估选择。

一旦出轨事实得到确认，那就到了可以摊牌的时候了。摊牌的方式多种多样，我唯一的建议是，明确自己的目标，观察对方的态度，然后确定让对方承担什么样的代价。

最佳博弈策略告诉我们，对于对方的背叛，需要有针锋相对的报复行为，让对方承担相应的代价。这里的针锋相对的报复，不要理解成你也去出轨，那可能两个人真的会一拍两散了。这里的代价更多的是指对方需要承受的自然后果，也就是你们曾经明确过的后果。

比如你可以明确限制对方的行动自由，在财产上做出一定的限制，甚至直接控制对方的日常开销，保持随时查看对方手机的权利等。

就像我在前面提到的那对夫妻，女方已经完全无法信任老公，只要女方在男方的微信好友中看到任何不认识的女性，都会怀疑老公和对方有染。针对这种情况，我就指导他们制定明确的规则约束。我建议男方把微信好友和女方梳理一遍，关系解释不清楚的一律删除，以后需要添加新的异性好友时，一定要向老婆请示，征得同意后再添加，否则都视为背叛。并且女方随时保留查看男方手机的权利，如果男方有任何躲闪或者隐瞒行为，同样视为背叛。

对于再度背叛的代价，双方确定得非常严格，只要女方再抓到背叛，男方直接净身出户，并且提前拟定好了条款。

之所以设置这样严格的限制和惩罚条款，就是要让出轨方从根本上断绝侥幸心理。同时，我还会引导男方真正体会和理解女方在这个过程中承受的双重伤害，唤起男方的同理心，能够真正做到于心不忍。

当然，光做到这些其实还不够。如果两个人决定继续走下去，其实还是有必要在情感咨询师的帮助下，找到出轨的真正原因。

比如这对夫妻，通过咨询，最后我发现出轨的深层原因既有原生家庭的问题，也有沟通的问题。男方的父亲在男方小时候曾出轨，导致离婚，男方因为这个事情受到了很大的伤害，但内心还是很崇拜自己的父亲的。他也和父亲一样，在面对压力时习惯逃避。女方在怀孕期间情绪不太稳定，表现得比较任性，男方当时在事业上又遇到了比较大的瓶颈，加上生理需求也得不到满足，各种压力让他最后选择用出轨来逃避。

女方在了解到男方更深层的出轨原因后，也明白两个人的相处模式需要调整，双方需要更真诚的袒露与包容，所以一步步开始了感情修复的过程。经过努力，双方的信任关系也得以恢复。

当然，遭遇出轨也不一定要选择继续婚姻。如果确实觉得没有办法面对这样的伤害，也没有办法修复信任，选择放手也是一种智慧。只是这个过程最好有专业人士的参与，不要给自己留遗憾。

第8讲

底线管理

如何应对被家暴的风险？

家暴是亲密关系管理中不得不重视的一个问题。根据全国妇联针对已婚夫妇的一项调查，在中国2.7亿个家庭中，30%的家庭存在家庭暴力，其中90%的受害者都是女性，遭受家庭暴力的女性平均在被虐待35次之后才会报警。尽管2015年出台了《中华人民共和国反家庭暴力法》(以下简称《反家庭暴力法》)，算是一个小小的进步，但在具体的操作和执行层面问题还很多，真正通过公权力的干预来防止家暴的维权之路还很漫长，所以大家在面对家暴的风险时一定要学会自救。

家暴的危害是显而易见的。它不只会伤害一个人的身体健康，更会摧残一个人的尊严。长期生活在家暴之中，被施暴方经历的那种恐惧和无力感很容易导致心理抑郁，甚至崩溃，而施暴方则很可能出现心理扭曲，变得越来越肆无忌惮，直到最后出现无可挽回的悲剧。据统计，有 40% 的女性杀人案件是和家庭暴力有关的，每年约有 9.4 万名妇女因不堪家庭暴力而自杀。

讨好型人格，更容易遭遇家暴

根据我的咨询经验，缺乏明确底线、不能有效捍卫边界的讨好型人格是最容易遭受家暴侵害的。

我有一位女博士来访者，她就是典型的缺乏底线的讨好型人格。本来她各个方面都比老公优秀，却一步步被老公控制，先是因为老公的嫉妒断绝了跟男性同事和朋友的来往，后来为了支持老公的所谓创业梦想，自己借钱给他成立了一家公司。结果她老公把公司变成了个人的提款机，随意挥霍，并且开始夜不归宿，也不怎么管家里，她一抱怨，老公就动手。但她都忍了下来，后面有一次娘家人知道了，要帮她出头，被她拦住了，她觉得可能是老公这段时间压力太大，自己态度也有问题，结果事情不了了之。但她老公的语言暴力和情感虐待越来越严重，经常对她不理不睬，她也都一忍再忍，有时实在忍不住说几句，又会遭遇老公的拳打脚踢。她本来还想继续忍，不过后面发现老公对女儿也开始家暴。她原本以为只要给女儿一个完整的家，女儿就不会受到很大的伤害，但她发现女儿在家暴环境中，已经开始出现明显的心理问题。这个时候她找到我，希望我能给她一些建议。

这种就是典型的因为没有底线而遭遇家暴的例子。现实生活中，除了个别人，大多数有家暴倾向的男人也不是见谁打谁，他们会拣软柿子捏，一步步侵入那些意志薄弱的人的底线。

如何辨别与预防家暴？

当暴力还未恣意妄为时，很多家暴的受害者是有机会逆转自己的命运的。具体应该如何来保护自己呢？

首先，我们要明确家暴的具体表现形式与预防方法。

关于什么是家暴，并没有统一的看法，尤其是在我们几千年家丑不可外扬的文化传统下，很多人都会认为夫妻打个架很正常，犯不着上纲上线。

通过总结和对比对家暴的定义和立法（比如美国、日本和中国），可以发现，判断家暴的标准不在于施暴的一方出于什么样的意图，即使他打着爱的名义也没用，关键是被施暴的一方感受如何，如果他感受到的是伤害与痛苦，就属于需要用反家暴法来处理的范畴。

具体来说，家暴有以下四种具体的表现形式：

一是身体暴力，比如殴打、踢打、拽拉、撞倒、掐脖子等暴力行为；

二是语言暴力，比如用一些侮辱人格的暴力语言伤害对方感情；

三是性暴力，比如强迫对方发生性关系，不顾对方要求不采取避孕措施等；

四是各种冷暴力，比如打冷战，或者在性生活方面故意冷落对方。

如果是双方在争执的过程中互相推一下，或者两个人势均力敌，对骂或者轻微地对打，只要双方都没有觉得有一方在压迫另一方，或者造成心理恐惧和伤害，尽管也需要调整，但是没有必要上纲上线，用反家暴法来处理。

明白了家暴的具体表现形式，我们也需要了解家暴的预防方法。

前文中我也提到过，在考察对方是否是适合结婚的对象时，一定要考察对方是否有控制型人格，以及原生家庭是否有暴力史。根据心理学研究，很多家暴的施暴者都有嫉妒心严重、过度依赖、控制欲极强的特点，而被施暴者多有精神压抑、过度依赖、极度缺乏安全感的性格特点，并且很多施暴者的原生家庭都存在暴力问题。在双方交往尤其是婚前同居的过程中，可以有针对性地了解这些方面，比如对方的情绪管理能力，以及双方在有争执时会采取怎样的做法，等等。

具体来说，如果你了解到对方控制欲极强，对你的方方面面都试图进行控制（不是采取建议的方式，而是用各种心理控制让你就范），比如你的穿着打扮、你的工作、你的社交圈；或者嫉妒心极强，对你时常猜疑，还企图断绝你与他人的往来；或者极度依赖你，已经到了不正常的程度，例如在任何情况下你没有及时回应便会暴怒，如果有这些情况发生，你就得提高警惕，做好离开的准备。

此外，如果你的伴侣从小生活在暴力家庭中，建议你更多地关心他，并且多一点观察。比如，你可以在聊天的过程中询问他对父母关系的看法，以及对家庭暴力的看法。如果他是无所谓，甚至暗暗透露出应该的态度，你就需要提高警惕，重新衡量你们之间的关系是否需要继续。

能够通过婚前同居这种方法防患于未然当然很好，但很多施暴者并不一定在婚前完全表现出来，甚至他自己可能都没有意识到。所以，在相处过程中了解对方情绪的觉察力和控制力，比如能够很好地了解自己的情绪状态、在情绪明显激动的时候能够慢下来、不被情绪淹没等，也非常重要。而我们自己在处理冲突的时候，也尽量不要有意激怒对方，懂得分寸与边界，这是避免很多正常的冲突演变成家暴的重要方法。但如果我们预防工作已经做得比较到位，仍然遭受到了家暴，那应该怎么办呢？

这就来到第二点，明确遭遇家暴时应该采取什么样的行动方案。

在这里，我想和大家分享一个管理学上很实用的方法：底线管理。所谓底线管理，是基于底线思维来进行风险管理的商业决策方式。而底线思维是指认真计算风险，估算可能出现的最坏情况，并且接受这种情况。底线思维会影响我们的生活态度，能够提供继续前进时必需的那份坦然。人的天性都是害怕未知的，所以常常会拖延决策，最后导致错失良机。而底线管理就是要把最坏的情况考虑清楚后再明确选择，绝不拖延。

底线管理在我们处理危机和做决定时有以下积极意义：

1. 可以帮助我们面对事实，接受出现的最坏情况。从长远看，这其实反而可能导向最好的结果。

2. 可以让我们意识到一旦处于底线的位置上，唯一能做的事就只有向上，能更好地克服我们的恐惧心理，从而有机会摆脱内心的焦虑，看到事物的远景。

3. 可以帮助我们明确下一步的行动，明白什么对于我们才是真正重要的，并对各种替代方案和解决办法保持更加开放的思维。

这种底线管理方式对应对家暴风险也非常有用，它能够帮助我们明确自己的底线和可以接受的最坏结果。

尊严、生命、自由、健康、亲情，我们需要认真审视这些核心价值，明白它们在我们人生中的分量，还可以根据自己的需要进行排序，确定自己坚决不能妥协的底线。

在这里我之所以把尊严放在第一位，就是因为大多数愿意忍受暴力的人都有低自尊的问题。而很多低自尊的人都有另外一个不自知的问题，那就是会有很强的依赖感，人格不独立，行为无规则，通过讨好来回避根本问题，最后却导致问题越来越严重，直到酿成悲剧。

就像我前面提到的案例，其实双方的行为模式全都在纵容这种事件的发生。女博士因为缺乏底线，一退再退，把自己变成了一个愿意忍受暴力的人。而男方刚开始只是用控制和轻微的暴力来试探，但是发现非常有效，后面越来越张狂，变成了一个习惯用暴力来解决问题的人。

所以，要想避免被家暴控制，一定要有能为自己的选择买单的底气。缺乏尊重的爱，以及打完了后悔拼命道歉的那种爱，不是爱，是畸形的情感，一定要学会拒绝这样的爱。做事有原则，做人有威信，绝不允许任何人触碰自己的底线，这才是真正的自尊与强大。

要拥有这份底气，需要对最坏的后果有清晰的预判，然后坦然面对自己的选择。

很多在家暴中选择继续忍让的受害者，考虑最多的就是孩子，就像这位女博士来访者，总觉得需要给孩子一个完整的家，也总对老公的改变心存幻想，期待女儿慢慢大了之后，老公可能会因为女儿回归家庭。直到老公对女儿也一样家暴的时候，她才如梦初醒，知道这样下去，她和女儿可能都会成为家暴的受害者，甚至有人身危险。

根据心理学研究中的暴力循环理论，生长在暴力家庭中的人，通过习得的行为，会将暴力传至下一代，这也是为什么很多暴力犯罪的少年犯往往来自暴力家庭。

在我的咨询案例中，有不少来访者宣称选择忍受家暴是为了孩子，但其实如果不能有效应对家暴，恰恰可能成为对孩子最大的伤害。

一个单身母亲，只要能够独立自主，用心爱孩子，对孩子来说，与成长于暴力家庭受到的伤害相比，要小得多。当这位女博士真正改变自己的认知，明白自己完全可以承受捍卫底线的代价时，她就逐步有力量感来进行底线管理了。

底线管理不只是一种思路，它还非常注重通过具体的行动来及时止损和有效保护自己。比如在遭遇家暴时，我们还可以从以下几个方面来自救：

一是向身边人求助，比如亲戚朋友，尤其是涉及人身安全的情况。这个时候一定不要有家丑不可外扬的想法，要让真正爱你的人了解你的处境，他们也能给你心理支撑，让你更有勇气和力量来面对家暴，防止家暴愈演愈烈。

二是可以报警，可以通过拍照或者录音来固定证据，做伤情鉴定，也可以向妇联、居委会等机构求助。就像前面提到《反家庭暴力法》已经正式实施，尽管保护细节上还有待完善，但这也是标志性的进步。所有遭受家暴的受害者，都可以拨打妇女维权公益服务热线：12338。

三是要从根本上解决家暴问题。如果有条件，我建议大家在遭遇家暴的时候寻找专业人士咨询，因为这样可以理性评估家暴的成因与风险，分析解决问题的策略，做到理性应对，从源头上解决家暴问题。

第9讲

利益相关人意见管理

父母不赞同的感情，坚持下去会有什么风险？

不被父母看好的感情，会面临更大的风险

我有一个来访者，母亲当初嫌她老公不思进取，不同意他们结婚。但是她一贯和母亲唱反调，母亲越是反对，她就越是拧着来。结婚之后她也特别用力地想证明自己是对的，一个劲儿催促老公上进，结果适得其反，老公觉得她强势，主动提出要和她分手，这让女方觉得特别挫败。

不被父母看好的爱情和婚姻，坚持下去究竟有哪些风险呢？根据我的咨询经验，不被父母看好或者祝福的感情，可能会面临以

下几个方面的风险。

第一，负面的心理暗示可能会导致失败的婚姻结局。

不得不承认，父母的意见其实对我们还是有非常大的心理暗示作用的，尤其在婚恋等重大问题上。所谓心理暗示，是指我们接受外界或他人的愿望、观念、情绪、判断和态度等一系列心理影响所反映出来的心理特点。心理暗示有强弱之分，暗示效果的好坏（正负）无法由人的意识去控制，也就是说不管你愿不愿意，不管你觉得这对你好不好，你已经受到心理暗示的影响了，并且无时无刻不在接受心理暗示。

父母是早期成长过程中对我们影响最大的人，很多时候父母的声音会内化成我们自己的，尽管我们可能意识上并不接受，但潜意识里其实很难摆脱父母的影响。

所以，当父母反对的声音响起的时候，我们希望能够不受父母影响。但如果我们只是一味地去抵制或者反击，然后试图去证明自己是对的，那恰恰证明已经受到心理暗示的影响了。就像我的那位来访者，她母亲强调她老公不上进，她其实已经被母亲的反对意见吸引了注意力，无形之中也开始关注自己的老公是不是足够上进，她越想证明她母亲看错了，其实受到的心理暗示影响越大，最后反而没有跳脱出母亲对她婚姻结局的预言。

第二，可能面临更大的经济和生活压力。

现在有很多年轻人想在大城市买房，如果完全不依靠父母的支持，还是有些难度的，这是面临婚姻时比较现实的一个问题。两个人结婚有了孩子以后，双方都要忙于工作，在照看孩子方面，父母或多或少能够提供一些帮助，尤其现在开放二胎以后，更需要父母搭把手。如果父母当初不同意婚事，婚后很可能是靠不上父母的，所以，如果脱离了父母的支持，就意味着两个人需要承受更大的经济压力和生活压力，这对婚姻来说也是一个比较大的考验。

第三，可能面临众叛亲离的局面。

如果父母坚决反对，最后很可能会闹到关系破裂。我的来访者里面也有这样的情况。有些女孩子因为父母不同意，最后和父母断绝来往。一方面，跟父母之间的亲情受到了很大的伤害；另一方面，当女方在婆家遭到一些不公正待遇时，娘家连个说话的人都没有，更不用说替她撑腰了。这种众叛亲离的局面，也不是所有人都能够扛住压力的，所以，这也给婚姻增添了很大的压力和阻力。

所以，不被父母看好的感情确实面临更大的风险，经营的难度也明显加大，但是不是父母反对的婚姻就一定不会幸福呢？

还真不一定。我有一个表姐，属于敢想敢干的类型。20 世纪 90 年代，父母的观念都还停留在一定要找有稳定工作的人，比如工厂的工人等，她那时就已经有了经商的头脑和眼光，最后选择了一个做彩电生意的人。当时她的父母极力反对，甚至以断绝关系相威胁，但是我表姐非常坚定，认为对方思路很活，又吃苦耐劳，还很有责任心，所以坚决嫁给了男方，并且和男方一起打拼，很快就积累到了第一桶金，也过上了富足安康的生活。现在经济状况和感情状态都很好。父母看女儿过得好，在这个过程中也慢慢看到了女婿的能力，最后关系也得到了和解。

父母的反对意见，要不要听？

一般来说，父母的人生经历比我们丰富，看人更加全面，看问题也更为深远。可能我们找的另一半人品不太好，但因为沉浸在爱情的甜蜜当中，我们对这个问题不自知，父母却可能看得很清楚；又或者另一半能力不足，无法创造好的生活条件，我们当下可能有情饮水饱，不那么在乎，但父母知道我们结婚以后会因此吃苦，所以很多时候父母的反对意见，并不是完全没有道理。

同时，结合我做咨询和做法官的经验，我也建议大家：父母的反对意见，需要听，但不必全听。具体怎么做呢？就像在商业组织中，利益相关者能够影响组织，一定要把他们的意见当成决策时重点考虑的因素。

很显然，父母是你爱情和婚姻中最为重要的利益相关者，他们的意见有必要成为我们决策的重要参考因素。我建议，对待父母反对意见，要像公司决策时对待重要的利益相关者的态度一样，做到“尊重意见，有效评估，独立抉择，自负后果”。

那如何在行动中做到呢？

一是尊重意见。

对于父母的反对意见，我们至少要耐心听完，了解父母提出反对意见的核心理由到底是什么，这样才有可能找到机会说服父母接受自己的婚姻。

在谈判和博弈过程中，社会心理学家拉波波特提出，在促成对立双方开展合作时，如果你不能陈述对方的观点并且令对方满意，那就不要妄想去说服对方、解决问题和达成共识。同样，关于婚恋的不同意见，除非你听到对方说“太好了，你终于明白我的意思了，这就是我的看法和感受”，否则你们就很难通过协议达成共识。

在亲密关系的沟通中，我们有必要轮流诉说和倾听。首先，诉说方要说出他对这个事情的全部看法、感受和需要。然后，倾听方简单清晰地复述诉说方的观点，尝试去理解对方的立场，并做出适当的回应。

所以，具体到父母的反对意见，你有必要在仔细倾听的情况下，复述父母的主要意见和担心的问题，并给予确认，这是对父母意见的最大尊重。就算最终没能达成一致，一般也不会把关系弄得非常僵。

二是有效评估。

在充分了解父母意见要点的前提下，对父母的意见进行有效的评估，并且问自己下面几个问题：

1. 父母意见的出发点是什么？比如是否真的为自己的幸福考虑，还是只在考虑他们自己的面子？听从父母的建议会不会明显损害自己的利益（比如要高额彩礼，这其实对你将来的婚姻可能是不利的）？

2. 父母是不是了解自己的实际情况？父母有没有经常跟你沟通，了解现在你想要的婚姻生活或者你的价值观是什么样的，并且是否能够准确评估你的优势与劣势等。比如，有的父母认为自己的女儿就是个公主，没有哪个男的配得上，一定要嫁那种条件特别好的。这样做反而会把自己的孩子架到一个非常高的位置，让她以后下不了台。所以，对于自己的优缺点你需要评估一下，看父母是不是足够清楚。

3. 父母经验的参考价值有多大？比如父母是否有足够的经验与判断力。回到我前面提到的表姐的例子，其实她父母的思维已经跟不上当时形势的发展，无法看到女儿、女婿的核心价值和整个社会的发展趋势，所以他们反对意见的参考价值就不是很大。

在对父母的意见进行全面评估后，我们需要去粗取精，参考父母意见中有价值的部分。

三是独立抉择。

在有效评估父母的反对意见后，最后的决定还是要自己来做。很多人之所以纠结父母的反对意见，是因为他们骨子里渴望父母认同自己的选择，面对父母的反对意见，表现得非常激烈、冲动，或者很犹疑，缺少真正果敢的决策力。

不少年轻人受教育程度不低，能力也非常不错，但在心理上没有真正断奶。他们会不自觉地去问父母的意见，甚至希望父母给他们拿主意，尤其在一些关键的问题上。这其实就是在“授权”父母来干涉你的决定。

“授权”是一个法律用语，指允许别人处理自己的部分权利；而在心理学上，是指允许别人来影响自己，这是一种典型的心理依赖的表现。很多被父母干涉生活的成年朋友，可能都不会承认其实是自己“授权”给了父母，而是会辩解说自己真的没办法。但所有的没办法本身就是一种选择，你选择不采取任何措施来反抗，这其实就是一种授权。某种程度上，这也是害怕独自承担后果的一种表现，总希望有个权威的声音来告诉自己怎样选择，万一选错了，还可以找到可以怪罪的人。所以，要想真正做到心理上的“断奶”，有时是需要走一些弯路的，甚至在刚开始的时候，需要适当地反抗。

所以，我们有必要根据自己的核心需求，检验父母意见的合理性和参考价值，听从内心的声音。可以从以下几个问题出发来做出理性和独立的抉择：

1. 我是否充分考虑了婚姻选择的风险？

2. 我是否还有重大的盲点或者遗漏点？

3. 如果我不采纳父母的意见，风险会有多大？

4. 我的核心需求是什么？

四是自负后果。

想清楚了以后就大胆做选择，要有“我选择，我承担”的勇气和魄力。这里最重要的是要破除心理暗示，明白爱是一个动词。

我在前面已经提到过，心理暗示之所以会成为我们内心的梦魇，其实还是源于内心的愧疚和恐惧，因为很多人骨子里对父母都有这两种深切的情感：

一是愧疚。认为违背父母的意见就是背叛，背叛会令自己产生愧疚甚至罪恶感，我们会无法容忍这样的自己，会有各种隐性的惩罚自己的措施，甚至不惜毁坏这段婚姻。

二是恐惧。我们其实也特别害怕自己因为违背了父母的意见而出现可怕的结果（比如父母情绪崩溃、痛苦，甚至被气病等）。

所以，很多人需要“我的婚姻或爱情”被父母认可，其实是因为不能完全面对那种和父母不一致带来的愧疚和恐惧，以及背叛带来的罪恶感。这容易形成一种可怕的心理暗示，就是我不配得到幸福。

破除这种心理暗示的最好方式就是放下愧疚。只有当你能有效处理你对父母的愧疚，认同你的人生本来就属于自己，意识到自己没有义务不断让出边界，让父母不断来控制你的人生，这样你才可以获得你自己说了算的婚姻。

有能力真正经营好你的婚姻，其实才是对父母担心最好的回应，也是真正对自己负责的表现。

在这里我一定要强调一下，我们很多时候会担心自己是不是足够爱对方。著名的管理学大师史蒂芬·柯维反复强调过：爱是一个动词。有一次一个学员问他："我不爱我老婆了，怎么办？"他回答："那就去爱啊。"学员说："老师，您可能没听清楚，我是说我已经不爱了，怎么办？"柯维说："我听得很清楚，朋友，爱是一个动词，你去爱就好。"所以，在婚姻中，时刻记住这一点，破除负面的心理暗示。去爱。这样才能真正经营好一段关系。

第10讲

亲密三要素

如何不让爱情输给距离？

爱情与距离的天然冲突

很多来访者问我，陈老师，你觉得异地恋靠谱吗？为什么他不愿意为我换份工作和我朝夕相处，是不是代表不够爱我？为什么我只要联系不到对方，就会特别抓狂，该怎么解决两地分居的信任问题呢？

这些问题咨询得越多，越能发现，爱情与距离还真是有天然的冲突。如果我们处理不慎，爱情输给距离的概率还是挺大的。所以，不管是热恋中的情侣，还是已经结婚多年的老夫老妻，异地都是一个需要我们正视和重视的问题。

有这样一位来访者，属于异国恋，她在国外读书，男友留在国内上班。刚异地恋的时候有发不完的短信，打不完的电话。不过慢慢地，男友发信息的频率越来越低了，这让她有点恼火，加上她又是那种非常较劲儿的性格，有时对方不接电话，她就连续打上十几个，或者发上几十条信息。结果，男友向她提出了分手，说这样的感情他感觉压力太大。她一气之下飞回国内去找男友，男友坦白说因为压力太大，感觉非常寂寞，最近和一个女同事走得比较近，她感受到了强烈的背叛。

这种情况就属于典型的因为距离而产生信任危机，最终导致情感破裂的案例。两个人身处异地，不能陪伴在彼此身边，就很容易没有安全感。如果不能通过及时有效的沟通来化解出现的情感危机和信任危机，感情也会越走越远，最后常常会以分手告终。

为什么距离对爱情有这么大的影响呢?

说到这个问题，不得不先说说完美爱情必备的三个要素：亲密、激情和承诺。爱情三要素由耶鲁大学心理学教授罗伯特·斯腾伯格提出，他指出，爱的不同阶段和类型可以解释为这三个要素的不同组合。例如，随着两个人浪漫恋情的发展，每个组成部分的重点会出现变化，就像我前面提到的亲密关系的四个阶段，刚开始激情会多一些，但慢慢地，承诺会变得更重要。他还发现，基于单个要素的关系的持续时间，不如基于两个或三个要素的关系的持续时间长。

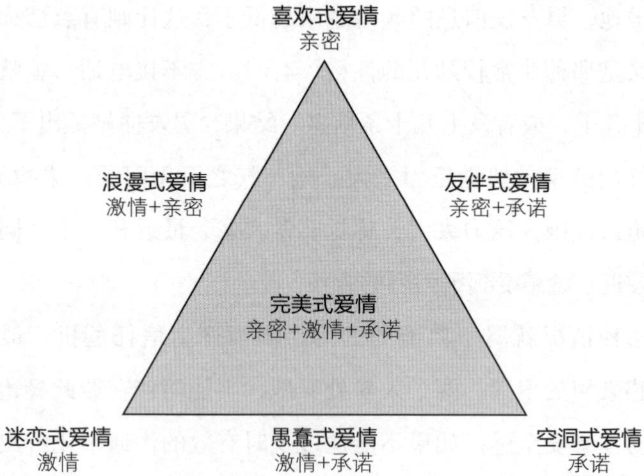

上面这张图中，三角形的大小表示爱慕程度——三角形越大，爱慕程度越高。每个角代表一种独特的爱慕类型，还有不同的组合代表不同类型的爱。他把爱分为大概 7 种类型。

三角形的三个顶点分别代表三种比较极端的感情形式：

喜欢式爱情（liking/friendship）：主要是亲密的关系，但缺少激情和承诺。包括友情和熟人之间的关系，彼此喜欢，相处也比较舒服，但没有动心的感觉，不足以维持一段长久的恋情或者婚姻。

迷恋式爱情（infatuated love）：主要是激情，没有亲密和承诺。初恋、青春期恋爱或没有投入真心的感情被认为属于这一类。浪漫关系通常以迷恋式爱情开始，随着时间和关系的发展成为浪漫式爱情，但因为没有承诺，迷恋式爱情可能随时土崩瓦解。

空洞式爱情（empty love）：只有承诺，缺少亲密与激情。为了物质条件或者外在条件的匹配而结合的婚姻，很可能是以空洞式爱情开始，如果不能发展成其他的形式，可能很快就会结束。

而由两种要素组合会形成三种新的爱情类型，包括：

浪漫式爱情（romantic love）：有激情和亲密，没有承诺，比如一夜情。

友伴式爱情（companionate love）：有亲密和承诺，没有激情。因为拥有可以长期发展的承诺元素，所以比友情关系强烈。这种爱情往往在激情不再的长期婚姻中很常见，就是我们常说的左手摸右手、老夫老妻的感觉。

愚蠢式爱情（fatuous love）：有激情与承诺，没有亲密。比如闪婚。当然我们也不要只理解字面意思，愚蠢式爱情是不是就真的很愚蠢？其实也不一定，但是因为它缺少亲密，所以这样的关系也很难长久维持。

完美式爱情（perfect love）：就是三个要素都备齐。据斯腾伯格教授的研究，拥有完美式爱情的恋人在陷入爱河的 15 年或更久之后，仍然会保持好的两性关系。他们无法想象跟其他人度过如此漫长的时光。他们携手并肩解决了一系列困难，也享受了在一起每一分每一秒的开心时光。这种感情尽管完美，却很难实现，需要双方长期的共同努力。

通常，有着最长持久性和最高满意度的亲密关系，是靠伴侣双方努力维持亲密度和增强彼此间的责任感得来的。

长距离的感情中，亲密感很容易受到影响，有时候一个拥抱就可以解决的事情，却因为情绪表达的障碍，导致各种误会和负面情绪的累积。再加上不同的生活环境和不同交际圈的累积效应，时间一长，两个人很可能共同语言会越来越少，互相理解也变得越来越困难。而更可怕的是会磨损信任感。长期异地相处的两个人，存在很多不确定因素，一条暧昧的信息，一个不能及时回复的信息或者电话，一张与其他异性的合影，一个隐瞒自己行踪的谎言，等等，都可能引发信任的崩塌。所以，缺乏亲密感是很多异地恋败给距离和时间的关键原因。

如何克服异地的困扰?

那如何才能克服异地带来的不利因素，维持一段和谐长久的感情呢?

根据我的咨询经验，正在经历异地考验的情侣或者夫妻需要做好以下几个方面的工作:

第一，学会深度沟通，共筑信任的大厦。

异地最难处理的部分是沟通。很多人都认为沟通主要靠语言，但实际沟通中，语言信息的影响力很小，大概只占 7%，语气、面部表情和身体等占了 93%。所以当两个人异地沟通时，不可能全方位了解对方的情绪状态，就算是视频，也缺少触觉和嗅觉的参与，无法做到全面的体会。所以，提高沟通的深度和效率很重要。

对于异地沟通，我建议大原则是“每天汇报，学会分享，切勿冷战”。

很多异地的伴侣工作都比较忙，要做到时时汇报可能不太现实，反而有可能成为彼此的负担。但是每天简短的汇报是有必要的，尤其是男方，睡前简单说一下自己一天的状况和第二天的安排，语音信息也好，简短通话也好，有了这样一种习惯，就会增强彼此的信任感。彼此通过分享自己的生活，让对方了解你的生活环境和动态，增强彼此的安全感。

比如我和妻子 Emma 就经常做这样的分享。当时我在耶鲁学习，两个人分开有大半年的时间，但是我们的关系基本没有受到影响，这其实离不开我们的分享习惯。比如我是个吃货，一旦发现好吃的，就会拍照分享给她，她如果看到了比较好玩的事情或者帖子，也会分享给我。

但不管两个人感情多好，冲突都是难免的。吵架并不可怕，但是异地的情侣切勿用冷战的方式来处理冲突。比如我前面提到的那对情侣，女方一旦不能及时联系上对方，情绪和行为就比较容易失控，但是男方的处理更糟糕，直接选择回避，让对方完全不清楚状况，更加没有安全感。所以，有问题不要积压，学会用非暴力沟通的方式表达出情绪和需要，比如对于什么事情，我的感受如何，是什么原因——在乎对方，或者需要对方的理解等，最后明确提出自己的需求。

第二，加强仪式感，小别胜新婚。

两个人的爱情保鲜是需要仪式感的，对于异地的双方，通过加强仪式感来达到“小别胜新婚”的状态就显得更为迫切。

我建议从两个方面来加强相处的仪式感，一是制定规则，二是制造浪漫。

在异地恋的开始阶段，有必要制定一些相处的规则，确保两个人经常性的爱情互动。比如我前面提到的每天通话，每天一定要互道晚安，定期视频通话；关于沟通，要做到有矛盾一定要说出来，而不是在心里憋着，争取吵架不过夜等；关于信任，无论多忙都要提前交代，并且简短分享，对于突发情况事后一定要解释等。这些约定会在潜意识里让我们珍惜自己的这段感情，也让异地的感情更加稳固。

在制造浪漫方面，很多情侣，尤其是女生，需要被爱的感觉，所以不要忽视对方的需求，留出时间来照顾她的情绪，表达自己的感情。就像我自己那样，适当表达对对方的思念和爱意，可以让对方有种被在乎的感觉。还可以经常给对方制造一些惊喜，比如给对方写几句情话，录一段有意思的语音，或者给对方唱一首情歌。如果是经常出差，在重逢的时候，要给对方买一些用心挑选的礼物，比如对方和你提起过的东西，让对方知道你随时想着她，这才能达到小别胜新婚的效果。

第三，营造浪漫预期，发挥承诺的力量。

我们前面介绍了爱情三要素中承诺的重要性。对于一段异地的感情，承诺是让彼此克服当前困难的重要动力。如果对未来没有了期待，两个人很难抗住寂寞与思念的煎熬。所以，异地时一定要尽可能增加见面的机会，并且，每一次分开前都可以着手营造下一次见面的预期，尽量做到具体，共同期待。比如“一个月后我们见面，我给你做一顿海鲜大餐，让你尝尝我为你练就的爱心厨艺”。

预期可以分为短期目标和长期目标。短期目标可以针对彼此的共同爱好，比如一起旅行、一起购物、一起爬山、一起看电影等。可以列出详细的计划，你们可以一起努力，一一实现，这样就可以构建更多的连接。切忌不兑现承诺，到时没有实现，相互埋怨，感情储蓄账户的余额就会越来越少。

而长期目标是关于未来在一起时的预期。热恋中的情侣可以一起憧憬婚礼的画面，怎样浪漫的婚礼、怎样精致的家装、将来有趣的共同生活等。比如“以后我们结婚，家里一定要养一只可爱的小猫，再生一个特别可爱的孩子，我给你、小猫和孩子拍照，想想就特别幸福”。

对于已经结婚的夫妻，如何解决两地分居的问题是一个很现实的话题。对方可能能理解暂时的事业发展的需要，但如果永远把事业发展放在对方的需要之上，两个人长期聚少离多，感情出问题的概率还是很大的，所以有必要把多久解决异地问题，给对方怎样的情感弥补都认真放在心上，并且给出承诺，让对方真正觉得放心。

第 *11* 讲

房产管理

婚前要不要买房，房产登记需要注意哪些风险？

婚前买房，见仁见智

婚前要不要买房？买房了另外一方要求加上自己的名字你愿不愿意？或者你希望另一半在房本上加上你的名字，对方不愿意，怎么办？在房产登记过程中应当注意哪些风险？这些都是我的来访者经常咨询的问题。再加上我曾经作为法官处理了很多离婚财产分割协议，所以我一直强调大家要认真对待婚姻中的房产管理，如果处理不慎，很容易让自己人财两空。

关于婚前要不要买房，见仁见智，并没有标准答案。如果双方的经济条件相当宽裕，买房也是双方都认同的，那么买房当然是一个不错的选择。

我的一位来访者是做金融投资方向的，对于房产也有相当的了解，而她老公以前是典型的理工男，认真赚钱，很少花钱，婚前有不少存款，足够付首付。2009 年女方看到当时是买房的好时机，说服当时还是男友的老公付了首付，买了房子，稍微借了点两家老人的积蓄，但不多，不久就还清了。后面男方也很感激女方做了如此英明的决定，如果到了房价飞速上涨的时期，两个人想买估计也买不起了。

但我和妻子 Emma 的选择不同。我们两个都属于追求生活品质的人，并且对独立性也看得比较重，再加上两边老人生活都不宽裕，所以没有选择婚前买房。甚至婚后也没有选择去北京偏远的郊区买房（因为当时按我们的收入状况，只能买得起五环以外的房子），而是选择在 Emma 公司附近较为方便的地段租房。一是节省通勤时间，不把时间浪费在路上；二是我们可以利用周末和节假日好好享受北京丰富的文化资源，比如经常去听听音乐会、有趣的讲座，或者和同学朋友聚聚餐，联络一下感情。所以我们并不后悔没有节衣缩食去买房，因为我们充分享受了生活的品质和独立的空间，也为彼此的不断提升投入了足够的时间与经历，始终共同成长，让彼此的感情更加深厚。

所以，买不买房，并不存在哪个选项更好，关键还是要明确自己的核心需求，再做出适合自己的选择。

根据我在这方面的相关经验，婚前买房既有好处也有弊端，好处主要体现在以下几个方面：

1. 有一个安定的家，满足心理上的归属感。

不得不承认，房子对于很多国人，尤其是女性，还是有很强的心理意义的。有了自己的房子，不管大小，豪华还是简陋，总觉得有了一种归属感。并且如果租房，可能需要经常搬家。目前的房屋租赁市场还是比较混乱的，不少人对租房都有糟糕体验，所以很多人咬牙也想买房。再加上目前房屋和落户、孩子教育问题都绑在一起，想有一个自己的家确实无可厚非。一定要在婚前买，是因为有些人对于结婚还不是那么确定，需要给自己的心理加一道保险。

2. 双方的深入了解与磨合。

很多情侣在恋爱中是比较忌讳谈钱的，毕竟那个时候卿卿我我，不分彼此，会不好意思谈钱。但是关于买房这样的大事，肯定不谈不行，这个时候双方好好计划一下买房的方式和长期的财务规划，其实是了解彼此金钱观和消费观的极好机会。

但是，婚前买房的弊端也很突出，处理不好很可能会给两个人的感情留下阴影，甚至导致破裂。有几个弊端也十分明显：

1. 加不加名字，谈不好影响感情基础。

买房毕竟是个大投资，甚至需要几代人共同参与。婚前就希望把房子敲定，其实对很多人来说还是有点困难的，再加上各种产权归属的纠纷，很有可能会弄得一地鸡毛。

我有一个来访者，就因为在婚前和老公提出要在对方父母给他买的房产上加上自己的名字大闹过一次，结果两个人之间的信任感遭到了很大的破坏，男方觉得女方结婚是贪图他家的房子，女方觉得男方家里条件很不错却连加个名字都舍不得，看来并不是真正在乎她，自己嫁过去了也可能会受气。最后当然没有加女方的名字。因为有了这样的猜忌，再加上婚后生完孩子女方觉得受到各种委屈，不想再忍受这段婚姻，甚至就算失去孩子的抚养权也在所不惜，坚决想离婚。

2. 让父母过度参与，丧失独立话语权。

在目前高房价的现实情况下，尤其是在大城市，让两个年轻人在婚前就凑够首付似乎并不现实，所以买房需要父母的支持是常态。但是就像我在前面提到的，父母掏钱给你们买房，那他们就成了你们这个家庭的股东，就有了干涉你们婚姻生活甚至指手画脚的权利，你们还真得忍着。也确实有不少夫妻因为不堪忍受父母的干涉选择了分手，而这恰恰是缺乏边界感和独立话语权导致的。要想划清边界，过一个自己说了算的人生，那就要有真正独立的勇气，不贪图父母带给你的安逸。

就像我和妻子 Emma，尽管也可以把父母的养老钱用来凑首付，但我们没有选择这样的方式，而是选择独立，所以赢来的是父母真正的尊重。包括我们出国工作和留学等一系列举动，父母都非常尊重，因为他们知道我们是非常有主意的人，自己选择自己承担，他们足够放心。

3. 过度负债，让婚姻如履薄冰。

婚前买房还有一种可怕的情况，就是过度负债。年轻人工作时间太短，一般不太可能有太多积蓄，尤其在大城市，面对高企的房价，即使婚前借钱凑够了首付，婚后也面临着巨大的还债压力。

我就有这样一位来访者，她和老公都是名牌大学毕业，收入也还不错，按道理日子应该好过。但就是因为婚前买房开销太大，借了亲戚朋友很多钱，而她又是特别要强的人，天天催着老公节衣缩食共同还债，结果她老公开始消极抵抗，两个人经常为了一些日常生活的开销问题吵得不可开交，觉得这日子没法过下去了。

这就是典型的过度负债导致婚姻生活度日如年、消耗感情的实例，最后结局很可能是鸡飞蛋打。

所以，总体来说，婚前买房需要量力而行。如果条件允许，双方也没有分歧，可以买，但如果过于吃力，甚至会给婚姻埋下定时炸弹，那就一定要三思。毕竟婚姻的稳定不是靠一套房子就能够维系的。

出资、登记：婚前房产的一些问题

房产是一项重大的资产，很多夫妻最后分手都是因为在房产所有权上撕得不可开交，那婚前的房产登记要注意哪些风险呢？

为了让大家能够更直观地了解关于婚前房产出资和登记的法律实践问题，我列了一张表，也讲解一下实践中常会遇到的风险。

出资情况	房产登记（房本上登记谁的名字）	法院认定
一人出资	婚前全款或付完贷款＋婚前取得产权＋单独署名	认定为登记一方的个人财产
	婚前全款或付完贷款＋婚后取得产权＋单独署名	还是认定为登记一方的个人财产
	婚前付完首付＋婚后共同还贷＋单独署名	通常认定为个人财产，不过共同还贷支付款项和房屋增值部分由双方平分，未偿还部分为登记方的个人债务
	夫妻双方都署名（未登记出资比例）	夫妻共同财产，原则上一律平分
	婚前个人首付，对方单独署名	原则上认定为登记方的财产，出资方的出资视为对另一方的赠予；除非能证明出资方不具备购房条件而以对方名义署名，否则视为共同财产

（续表）

出资情况	房产登记 （房本上登记谁的名字）	法院认定
两人出资	双方共同署名（未登记出资比例）	夫妻共同财产，原则上一律平分
	一方单独署名	1. 如果是同居期间为结婚目的而购房，认定为夫妻共同共有，原则上平分 2. 如果不是同居期间为结婚目的购房，比较复杂，会根据双方提供的证据来确定是共同共有、按份共有还是借款或者赠予

通过这个表格的系统梳理，我们可以看到以下几点核心风险：

1. 婚前买房登记时写谁的名字非常重要！因为法院基本上是按照房本上的名字来进行认定的，除非你能提供充足的证据证明其他的可能性。

所以，我的建议是，如果希望房产能够共同拥有，那么房产登记最好写双方的名字。当然，如果双方能够共同出资那更好，不然一方完全不出钱却希望加上自己的名字，于情于理也不太说得过去。这里要提醒很多朋友的是，尽量不要有那种对方买房出首付，我家买车，大家贡献差不多，所以不用纠结加不加名字，以后都是共同财产的天真想法。我就有一个这样的来访者，最后在房产分配上很吃亏，其实完全可以大大方方地提出对房产共同出资、共同署名。

如果是双方共同出资，比例各半，则需在房产证上同时登记两个人的姓名；如果双方出资比例不等，房产证上写双方名字的同时还必须说明各自所占比例的大小；如果房本上没有明确比例的约定，最后法院一般采取的都是平分。

2. 请记住，关于房产出资，一定要尽量保留出资凭证和还贷款记录。无论是婚前男女双方出资买房，还是婚前男女一方出资买房，都要注意保留银行转账凭证。在还贷款时，也要注意保留相应的记录，因为这些都可能成为以后你们来证明这套房产是不是共同所有的关键证据。

3. 关于一方婚前买的房，另外一方可不可以直接要求加名字的问题，有不少来访者咨询，也是一个讨论热点，很多人就因为这个事情闹得不欢而散。

我的建议是，根据两个人的感情状况和信任程度来定。如果婚前个人买房的一方父母很强势，也有明显的优越感，嫁过去很可能会有寄人篱下的顾虑，那你完全可以考虑让对方和你婚后再共同买房，一起还贷。如果对方说他没钱，不愿意和你一起买房供房，我会劝你慎重地考虑一下你们两个的信任基础是否达到了结婚的程度。如果觉得没问题，你也可以考虑自己买一个房自己供，不参与对方的共同还款计划。总之，房屋是个大投资，宁愿一开始就打开天窗说亮话，谈不拢也可以避免结婚后再后悔的尴尬。千万别现在不好意思，最后弄得鸡飞蛋打、一地鸡毛。

4. 对于婚前一方以个人财产买房，婚前或者婚后增加另一方的名字，根据我国司法审判的观点，登记在双方名下视为一方对另一方的赠予，属于夫妻共同财产。所以对于出资买房的一方，是否要给对方加名字需要慎重考虑，一旦决定了就不要后悔。

第*12*讲

契约精神

如何善用协议？

婚前协议，为婚姻保驾护航

婚前协议对于国外的富豪来说基本上是必备选项，但对中国的很多普通夫妻来说还是比较陌生的东西。不过随着婚前财产的增多，尤其是房产成为很多新婚夫妻的标配，婚前协议也变得越来越重要。但很多人可能会觉得，怎么还没结婚就想着离婚怎么分财产呢，这是不是不吉利？会不会影响两个人之间的信任？针对这些疑惑，本讲详细梳理一下婚前协议的利与弊，以及如何通过签署婚前协议降低离婚风险。

婚前协议的好处还是很明显的，至少有以下几大好处。

1. 避免结婚目的不纯的投机者。

不得不说，现实中还是有不少通过结婚的形式来掩盖非法目的的投机者的。比如前两年轰动一时的某知名程序员被前妻逼得自杀的案件，就是缺乏必要的防范和法律意识而导致的悲剧。

他在遗书中写道，两人在婚恋网站上相亲认识，不到两个月就结婚。男方给女方买了海南的房子、特斯拉汽车，在女方身上花了 1 300 万元。结婚前他没有讨论任何有关财产的分配问题，甚至都不知道女方之前有过婚史，女方在结婚前一天才告诉男方，男方却选择了隐忍，还把自己公司的底细（包括一些违法操作的部分）一股脑全告诉了女方。

而结婚后不久，女方就开始利用掌握的这些信息对男方进行各种精神控制与恐吓，让男方完全陷入了无助与绝望，最后被女方逼得签了对自己完全不利的离婚协议：女方索要 1 000 万精神损害赔偿，并且所有房产都归女方，所有债务与她无关。男方资金链断裂，无法支撑，选择了自杀。

所以，通过婚前协议来有效防范这类目的不纯的投机者很有必要。尤其对于一些豪门，基本上婚前协议是标配，比如邓文迪和默多克的婚姻，默多克的婚前协议就可谓滴水不漏，这确实可以防患于未然，尤其是避免一些重大风险。

2. 提高出轨和家暴等严重问题的成本，降低相关风险。

对于普通人来说，可能没有那么多财产需要处理和防范，但是有些事情不得不防。比如出轨背叛，我在前面也提到过，现在的出轨率越来越高，不能不引起重视。家暴的现象也频频发生，要在婚前完全识别也不太现实。

所以，在婚前协议中可以明确约定关于出轨或者家暴的惩罚性条款，这不仅能提高此类问题的机会成本，让对方心生忌惮，从而起到预防的效果，也能起到很好的惩戒与补偿作用，让被伤害的一方得到合理的补偿。

3. 更好地了解彼此与规划未来。

有不少人认为如果感情好，这些问题都不是事儿，婚前协议过于赤裸裸地谈底线和利益，其实说到底还是缺乏信任。对于这种看法，一定要警惕，因为按照这个逻辑，结不结婚都无所谓，反正都是一张纸，如果有感情、有信任，又怕什么呢？但是通过大量的情感咨询案例，我了解到，有没有这张结婚证还是很重要的！因为它代表承诺，它是爱情三要素中不可或缺的一环。

而其实婚前协议和结婚证的作用很像，它也是一份承诺。双方彼此敞开，把最深层的担忧和最隐秘的算计都摆到台面上来，因为有感情，彼此尊重，尽量公平，然后真诚平等地交流。在这样的情况下，是可以做到婚前协议不伤感情的。即使是普通人，也可以选择在婚前保护好自己的财产，表明自己的底线和原则。

甚至可以说，列明双方个人财产、明确婚后权利与义务、对重大风险进行规划，不仅不会使婚姻沦为商人般的讨价还价，反而是一种更为稳妥的婚姻确信，有利于婚姻的稳定。

婚前协议尽管有诸多好处，但是弊端也很明显，主要体现在以下两点：

1. 容易导致强势一方的怠慢。

据国外的相关统计，签订婚前协议的人里富人比较多。1990年，美国签婚前协议的男性的平均资产净值是 90 万美元，在当时算是很富有了。而且，签协议的双方财产的差距也很大，例如，签协议的男性，其资产净值平均大概是女方的 21 倍！

也就是说，更有动力订立婚前协议的一方确实是富裕的一方，但如果婚前协议的出发点只是经济条件比较优越的一方像防贼一样防着对方，并且协议本身也无公平可言的话，确实会伤害另一方的感情，而且反而会降低这些富人的犯错成本，他们也没有那么强的动力去精心维护婚姻，反正协议都已经签了，就算离婚对方也拿不走自己的钱，那是不是就可以出轨，是不是就可以为所欲为了呢？确实会有这个可能。

2. 容易形成负面的心理暗示。

就像我前面说的，如果婚前协议签订过程本身就是一个“要挟”的过程，如果缺乏良好的沟通，合同又不够公平，缺乏对另一方的尊重，就很容易使一个人对婚姻的信心受到根本性的打击。

我就有这样一位女性来访者，她老公比她大将近 20 岁，男方的经济条件很优越。本来她老公只是把她当情人，并没打算娶她，但是后面她怀上了孩子，而男方又很想要孩子，男方被她说动了，同意结婚。但结婚之前给了她一纸婚前协议，大意就是结婚后男方所有的婚前财产都属于男方所有，包括房子和公司的一些股份等，结婚以后她只有房屋的使用权，不能共有任何男方的财产。

她想想反正都是孩子的，咬咬牙就签了。结果结婚以后，男方真的严格控制，只给她生活费，她在家庭中完全没有话语权和安全感。过了一段时间，男方生病了，希望她能够照顾自己，她就不愿意了。她当时和我说，“如果他不让我签这么无情的协议，真的让我相信他是在乎我的，作为妻子，我是会义无反顾地照顾他的。但是他这样对我，把我像防贼一样防着，我的心早凉透了。他反正有这么多钱，让他用钱去请保姆和专业的看护呗”。

所以，如果把婚前协议弄得像丧权辱国的不平等条约，没有情感的沟通，只有赤裸裸的威胁与交易，那确实会影响感情，形成消极的心理暗示，让婚姻随时处在阴霾当中。

但总体来说，婚前协议还是利大于弊的。不过需要通过合理的设计和充分的沟通来扬长避短，让婚前协议真正起到为两个人的婚姻保驾护航。

如何签订公平有效的婚前协议?

那如何才能通过公平有效的婚前协议来降低离婚的风险呢？在讲这个问题之前，我想先跟大家强调一下在签婚前协议时需要重视的一个原则，叫作“契约精神”。理解契约精神，能够帮助我们尽量做到权利和义务的对等，避免无效的婚前协议。那什么是契约精神呢?

契约精神是一种自由、平等、守信的精神，它要求个人要受自己诺言的约束，信守约定。契约订立的过程，是当事人根据对方利益的需求，对自身利益进行限制和约束的过程。在契约精神中我们强调要宽容，因为宽容不仅体现了主体对对方利益诉求的必要尊重和认可，还表现为对己方利益诉求的适当限制和约束。宽容是契约订立的必要条件。

总之，契约的达成是共同意志的结果，需要当事人的合作和积极配合，通过契约双方共存、互利、双赢这一平等协商的方式，成功实现当事人的预期利益。

所以，在签婚前协议时，秉持这种契约精神其实是非常重要的，因为签婚前协议的最终目的是互相尊重、寻求共赢，而不是互相算计，而且契约精神也能帮助我们尽可能不伤感情地促成协议的订立。在重视契约精神的原则下，建议在签婚前协议时做到以下几点，可以帮助我们更好地规避婚姻风险：

一是要明确目的，做好沟通预案。

一般来说，实践中的婚前协议，常常离不开以下三个要素：第一，现在双方所有的财产，归谁？第二，万一两人离婚，财产、孩子归谁？第三，如果一方去世，财产归谁？所以务必清楚你的婚前协议中这几个要素是否考虑齐全，以及你最关心的重点问题是什么。

对于期待订立婚前协议的一方，可以仔细考虑一下期待达成的目标。如果觉得对方可能会有抵触或者误会，可以在提出之前咨询一下专业人士，一方面尽量让方案的准备更妥当，不要提出非常离谱的不平等条款，另一方面是明白用什么样的方式去沟通容易被接受，如果出现僵持的局面，应该如何来沟通或者寻求帮助。

二是尽量寻求专业人士的帮助，并进行公证。

我还是建议大家在订立婚前协议的时候尽量寻求法律专业人士的帮助，不管是订立前的相关咨询，还是订立过程中的谈判指导，这有点像双方共同买房，尽量做到信息充分沟通，能够了解双方真正在意的点，并且，有专业人士的指导，权利和义务尽可能对等，也不至于订立显失公平的无效合同。

我在咨询实践中经常遇到来访者问："陈老师，我让对方写了一个保证书，他要是出轨，就净身出户。你说有用吗？"我一般都会告诉他们，这样的协议法官可能会依此进行调整，但对于显失公平的条款，法院一般是不予认定的。但是，可以约定较高的赔偿金额，作为过错惩罚，这样的条款法院一般会支持，如果高得非常离谱，可能法官会进行适当的调整。

婚前协议拟定后可以进行公证，公证了的协议就有了对抗第三方的法律效力。所谓对抗第三方，就是如果你爱人婚前有债务，对方找过来要求执行你们的财产来抵债，如果公证的协议里面有明确属于你的部分，那就无须用那部分来偿还债务。

三是明确重大财产的归属，通过提高出轨或家暴等重大风险的成本而减少隐患。

前面提到，婚前协议很大部分调整的就是婚前财产，所以对于房产、存款、股票、公司股份这些有形无形的财产，可以明确约定归属，大家可以参考对房产的考量，对其他财产也做出安排，并且还可以商量今后的财务规划。

在婚前协议中，双方有必要对影响婚姻的重大风险事项进行约定（因人而异，不过建议出轨和家暴都可以重点考虑）。比如出轨，尽管我前面说过净身出户的条款不适用，但是出轨后的财产补偿、精神损失补偿（当然有一定额度）、孩子抚养权的归属、抚养费的给予是可以约定的。比如你可以明确约定出轨的赔偿金额，或者直接写明如果对方出轨，房产需要过户到自己或者孩子名下，然后取得孩子的抚养权，或者由你来完全控制家庭的开销，避免出轨的隐患。这样的规定都是有效的，可以考虑用这样的条款来约束对方。

此外，除了重大风险项，还可以约定两个人婚姻生活相处中的一些规则，比如一年共同旅行一次，和双方父母相处的边界在什么地方，如果有孩子如何共同抚养，一方如果选择在家带孩子，另外一方应当给予怎样的支持等，这样可以对婚后的权利和义务有更明确的安排，也有利于婚姻的稳定与和谐。

第13讲

财务管理

家里的钱应该怎么管?

婚后应不应该上交工资卡，这是网上讨论得非常热烈的一个话题。有的人说应该上交，有的人却觉得最好各自管理。其实这个问题同样没有固定的答案，各个国家、各个地区和各个家庭的处理方式都不同。不过本讲我们可以从不同处理方式背后的原因出发，来看看根本性的决定因素，然后分享一下我在实践中的处理建议。

工资卡，交还是不交？

关于工资卡要不要上交，在国内似乎存在一些地域差异。比如在经济偏发达的南方地区，像长三角、珠三角等地区，女人掌管财务的情况比较多，像湖南、四川等产辣妹子的地方，男人上交工资的情况也不少，不过在东北、山东、河南等大男子主义相对比较严重的地方，似乎就没那么普遍。

我目前在日本生活，所以对日本的社会状态观察比较多。在日本，男主外、女主内是常态，全职妈妈很普遍，法律和社会舆论都把女性看成弱势的一方，对女性的权益保护很重视。所以男方工资卡上交几乎是一个不成文的规定，在家的女方基本上完全掌握男方的工资，每月给男方固定的零花钱。公司也清楚这种状况，所以考虑到男方可能会被另一半管得太严，就会对一些出差补助或者奖金进行人性化管理，比如单独打到男方的个人账户上，让男方不至于连基本的交际费用都没有。

Emma 公司就有一位男同事，被老婆管得特别严，基本上每个月到手的零花钱只有两万日元（相当于人民币 1 200 元）。他是一个科长，应酬比较多，经常因为没钱参加应酬被同事嘲笑，后来同事建议他搞点私房钱，把出差补贴等单独放到自己的账户上，才缓解了这种尴尬。

但是，在比较注重男女平等和个人隐私空间的美国，工资卡上交就相对少见。我美国的朋友说，美国夫妻一般会建立一个共同账户，双方都往里面存钱，这样既可以解决双方的共同开销（比如用于双方旅行、房租、孩子抚养或者教育等），各自还能保留自己财产的处分权。而且在美国，如果一方试图去控制另一方的财产，甚至会被认为是一种虐待。

在不同的国家和文化背景下，有不同的做法。而具体到个人选择，可能会跟关系的深入程度和彼此间的信任度有很大关系，当然也存在一方强制另一方上交工资的情况。我和 Emma 的收入在很长一段时间里都是分开管理的，因为那个时候我们都懒得去打理对方的财产，再加上都是学法律的，边界意识和权利意识都比较重，所以采用类似美国化的处理方式，房租和旅游等开销可能我承担得更多一点，平时买衣服、礼物等方面 Emma 承担更多。各自家里的人情往来各自搞定，互不干涉。

不过这种状态随着我们关系的不断深入也在变化，比如到日本后，我们的很多现金都兑换成了外币，我就把钱都存到 Emma 的账户上了，而 Emma 也全力支持我继续攻读 MBA，这些都是更深层的信任了，因为我自己内心知道，到了这个阶段，再去分你的我的就真的没有必要了。但是，我也不得不承认，同居那段时间，确实内心还没有达到这样的信任度，自己的钱还让对方去管，平时自己开销还要去找对方要，那种感觉很不爽。由此可见，深度的信任和融合也是需要时间的。

所以说，要不要上交，因人而异。不过根据我的咨询经验，遇到下面几种情况我会建议一方（大部分是女方）考虑让对方上交工资卡。

1. 消费大手大脚，完全缺少财务规划概念的。

有些男性花钱大手大脚，完全没有节制，结婚了也完全保留单身汉的消费习惯，缺少责任心，更缺少对未来的规划。这种情况下，更有责任心的一方主动负起责来，把对方的工资卡管起来很有必要。毕竟现在城市生活各方面开销都很大，尤其养娃，更是要下血本，没有一定的积蓄确实很难让人有安全感。

2. 有过出轨前科的，并且一有钱就容易变坏的。

如果老公有过出轨前科，或者有钱就容易乱花，甚至花在其他女生身上，那女方就很有必要收缴工资卡，并且在谈出轨后的修复问题时，一定要把这个话题放到桌面上来谈。

我有一个来访者，家庭经济条件本来就不宽裕，生了孩子之后更是捉襟见肘，但是老公几乎没有省钱意识，甚至还拿钱去视频网站打赏美女主播。我的来访者还查到老公在情人节给其他女生发红包的记录，这让她非常崩溃。在我的建议下，她果断收缴对方的工资，只给对方有限的零花钱，后来发现老公果然老实了很多。

对于这类缺乏自觉性的另一半，需要进行一定的管束，这个甚至在婚前协议中也可以写明。

3. 一方全职在家，并且对方比较算计的。

如果婚后因为带孩子的问题，一方选择全职在家（女方居多），而另一方并不真的感激，并且把钱看得比较重，这种情况就很有必要就工资卡的管理进行明确的谈判了。

我的一个来访者因为全职在家带孩子，和老公的共同语言开始变少，后来发现老公出轨。因为她一直管着老公的工资卡，所以我提醒她马上对资产进行处理（比如提现或者转移等），并且搜集对方的出轨证据，明确接下来的行动计划后跟老公摊牌。她老公本来也就是搭便车的心理，看到这种架势，马上把外面的关系断了，回归家庭，而女方也进一步确立了自己在家中的地位。

所以，如果对方不靠谱，我不太建议女性朋友们辞职在家做全职主妇。如果没有办法，要在家里带一段时间孩子，那也一定要和对方谈好条件，控制家里的财政大权后再辞职也不迟。

家里的钱如何管才能和谐稳定？

如果对方愿意上交工资卡，那家里的财政要如何管才能实现和谐稳定呢？建议大家把握好下面几个原则：

1. 管钱要管得清清楚楚，不能是一笔糊涂账，定期进行财务报告。

管钱的人不能糊里糊涂，对方把钱交到你手上是出于信任，你需要有明确的交代。比如学会记账，详细记录家庭的开销（现在有很多记账应用软件，更方便了），控制家庭的开销，学会做好统筹安排，尤其是遇到比较大的开销时，要和对方商量规划。并且，按月和对方说一下主要的开销情况，至少一个季度或者半年给对方一个比较详细的收支情况说明（能弄个简单的表格或者幻灯片更好）。日本主妇在这方面就做得非常专业，有专门的记账本，并且会时不时总结归纳，让每一笔钱都花得明明白白、清清楚楚。

2. 管钱不等于花钱，如何让钱保值也是管钱方的义务。

管钱不代表自己可以拿着钱乱花，如果到最后查账，发现管钱管得乱七八糟，甚至入不敷出，那是透支信用，对方肯定没办法再把钱交到你手里。所以，要管好钱，并且把钱管活。钱如果只是拿在手里，就会贬值。如何合理进行资产安排（比如购买国债、基金，存成定期等），相关理财知识是有必要学习的。

3. 管钱需要智慧，要彼此信任、互相尊重。

前面提到的日本主妇，因为把男方的钱管得太死，对方都无法进行正常的社交，甚至被同事嘲笑，这个就有点过了。

最好的方式是让对方和你说一下主要的应酬或者开销有哪些，原则上选择信任。或者对方可以直接刷卡消费，发现不合理的账目时再找对方澄清。在尊重和信任的基础上，尽量做到合理开支，让对方感受到你的用心和理解，这也是管钱的大智慧。有智慧的管钱方不仅不会把钱管死，还会时不时地给对方一些奖励和惊喜，让对方明白把钱交给你是值得的。

我的一位律师学员就很有这种智慧。她老公把钱都交给了她，也很少过问，但她很会打理钱，能够合理分配资产，并且还能有一定的收益。后面她把一部分投资收益直接给老公买了一辆特斯拉，因为老公很喜欢特斯拉的设计。她老公非常感动，觉得老婆是真的懂他。当然，这里并不是说一定要给对方买很贵重的东西，不过可以根据对方的喜好适当地给一些奖励，让对方觉得把钱交给你是非常值得的。

要知道，钱是为双方的生活服务的，所以要学会用钱来制造惊喜和浪漫，让双方的爱情保鲜。

4. 目标管理比管人更重要。

我们赚钱最主要的目的其实是给自己和家人创造更好的生活，所以，双方最好能够一起制定一些财务目标，共同朝着目标努力，这样，不管赚钱还是管钱，都能更有动力和更理性。在这里，我想跟大家分享一个管理学上关于目标管理的方法——SMART目标管理，它能够帮助你更好地实现你的财务目标。

管理学上的SMART目标管理，其实是为了帮助员工更加明确高效地工作，这在夫妻的财务目标管理中也同样适用。具体如何实施呢？需要让目标满足以下5个条件：

（1）目标必须是具体的（specific）。比如说一起存钱买房或者买车，那就可以一起商量，确定要买多少钱的房子或者什么样的车型，确定总费用。

（2）目标必须是可以衡量的（measurable）。比如能用数字和金额表示。

（3）目标必须是可以达到的（attainable）。也就是说目标要理性，现实可操作。如果两个人制定的买房目标，可能要10年以后才能凑够首付，甚至以两个人目前的收入来看一辈子都很难还清房贷，那这个买房的目标就不够理性和现实。

（4）目标必须和其他目标具有相关性（relevant），也可以理解为符合双方利益。比如旅游、买车、买房、养娃这些具体的事情，都是和双方共同利益相关的，那就比较有动力；但是如果一方存钱就是为了给自己买奢侈品，甚至是去供养自己的父母，那可能就不太符合双方的共同利益了。

（5）目标必须有明确的截止期限（time-based），确定在什么时间达到目标。这个可以对总目标进行分解。比如买房的目标，可以具体到多长时间存够首付、还贷计划如何安排等。

通过这样的目标管理，其实能够让两个人的心真正拧成一股绳，这比拼命想通过工资卡去卡住对方要更有效，并且共同的目标和愿景也会让两个人靠得更近。

比如我和Emma就会经常讨论每年的旅行计划，然后一起存钱，互相督促，这本身就是一种给爱情账户储蓄的行为。

第二部分

亲密关系中的冲突管理

第14讲

立场与需要

总为鸡毛蒜皮的小事争吵怎么办?

我在前文介绍过亲密关系的四个阶段，从情人眼里出西施的月晕期，到争吵不断的幻灭期，其中最大的转变就是，热恋时觉得根本都不是事儿的差异会变得非常扎眼。比如，牙膏从哪里挤，厕所的马桶盖是不是应该用完就放下，洗手间里掉了头发有没有及时清理，吃完饭谁洗碗，等等。全是这样看似鸡毛蒜皮的小事，两个人却吵得不可开交，争吵得多了，对感情也是一种很大的伤害，甚至有很多伴侣因此而分手。

冷静下来以后你可能会去想，为什么明明知道是鸡毛蒜皮的小事，但在吵架的过程中就很难保持冷静呢？怎么做才能避免这种小事引发的冲突呢？本讲我会通过几个经典咨询案例的分解，帮大家理清楚，如何通过有效的冲突管理工具来有效化解这样的困境。在我的亲密关系工作坊中，我会让大家把生活中的吵架场景带过来，情景再现。这样就很容易发现，争吵基本上都是因鸡毛蒜皮的小事而起，到最后愈演愈烈，冲突不断升级，甚至连离婚这样的话都说出来了。比如我的一对夫妻来访者，在咨询的过程中，跟我分享了他们生活中经常出现的冲突情景：

女方：天天回来就是盯着手机，你干脆和手机一起过得了！

男方：我在处理工作上的事情好不好！

女方：那你回来干吗？干脆待在公司不是更好？

男方：还不是为了早点回来陪你？！

女方：这是陪我吗？我对着一个天天只会看手机的木头！

男方：你这个人讲不讲理，还不是因为你抱怨我加班太多，我早点回来！回来你又抱怨，你有完没完？！你难道希望我像你一样随便应付一下工作，那谁愿意给我高工资，谁来付房贷？！

女方：你的意思是我没你挣得多，拖累你了吗？！那你去找挣得多的，这种生活我受够了！离婚吧！

男方：离就离，谁怕谁啊！

……

从男方回来看手机开始，两个人的争吵不断升级，最后说到离婚的事情，当然最后男方冷静下来赔礼道歉了，但是这样的对话实在很伤感情。而且事后想想，其实只是为了一些无所谓的小事。但是累积多了，心里就有一股火，甚至有些冲动的年轻夫妇真的一气之下就离了婚，想想挺可惜的。

冲突中要学会区分立场和需要

那如何化解这些冲突呢?

我在这里分享一个商业谈判中经常用到的管理学工具——区分立场和需要。在商业谈判中，这个工具能有效帮助谈判双方把注意力放到两个人共同的利益和需要上，而不是谁对谁错的立场问题上。这样有利于谈判双方找到符合双方共同利益的创造性解决方案。

如下图所示，双方的立场就像露出水面的冰山一角，看起来势不两立，但是在水面之下，其实利益和需要是交织在一起的，需要我们去关注。

关于如何区分立场和需要，我在耶鲁的谈判课上用这种方法处理过一个经典的案例，大家可以深入了解一下。

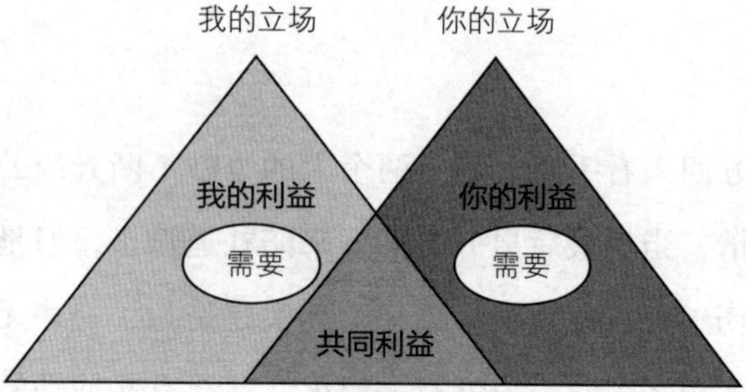

冲突冰山

一位即将离开人世的患者的家人，跟医院工作人员之间发生了冲突。原因是患者家人想在病房内烧些东西，但是医院坚决不允许。我们可以看到，患者家人的立场是，“我们要在病房内烧些东西”。而医院工作人员的立场刚好相反，“我们不允许擅自在医院内生火”。这就是立场的冲突，一方要做，另一方不允许。

但是如果抛开立场，从需求和利益的层面看，患者家人是想要烧些药草，作为一种仪式。而医院工作人员的考虑则是需要保证这栋楼里每个人的安全，不想引发任何警报。

在这种情况下，一旦各方的需求和利益变得明了，家人跟医院工作人员之间是能够协商的。

最后，医院同意患者子女在病房的水池里烧东西，这样能在保证安全的同时，让患者子女完成为父亲举办的临终仪式。

通过这种分析，我们就能明白，在冲突中，不管对方表面上看起来如何与你势不两立，如果能够明白对方真正的需要，解决方案很可能水到渠成。

而这种区分立场和需要的思维在亲密关系的冲突管理中也非常有效，能够让我们专注于双方的共同利益与需要，而不是没完没了地纠结于谁对谁错。

比如我在前面提到的那个因为老公看手机而争吵的例子，听起来女方的立场是对男方看手机很不满意，可实际上她真正的需要是希望男方多花些时间陪她，多给她关注和回应。

如果男方在这里只看到了对方的立场，强调自己看手机是在工作，那双方就陷入到了谁对谁错的立场之中。

如果这个时候男方能够看到女方的需要，直接回应说“亲爱的，我这边有点紧急工作要处理，大概半个小时就能好，我处理完马上陪你聊聊天好不好?”我相信这场冲突很可能就会消解于无形之中。当然，如果女方能够明确知道自己的需要，也可以用温和的方式直接表达出来:“老公，你回家后就一直在看手机，我有点失落。你能不能现在陪我说说话？我需要你多关注一下我。”可以适当地加上一些撒娇的技巧。我估计这位老公拒绝的可能性也不大。毕竟针对对方的合理需要，谁都没有办法轻易说不。如果在上述各种情况下，对方对你的请求都无动于衷，那你可能真的有必要考虑一下自己在对方心目中的分量了。

如何处理情绪激动时钻牛角尖的情况？

但是你很可能会像很多学员一样问我，陈老师，冷静下来，我确实也知道要好好说话，要表达需要，但在情绪激动的时候，很难冷静地去想我的需要是什么，当时只想把内心的情绪都发泄出来，这种情况怎么办？

其实这个问题确实是很多在亲密关系中吵架的朋友都无法回避的。这种因情绪激动就开始钻牛角尖、认死理或者一根筋的情况，在心理学上叫作“窄化效应”（narrowing effect）。

所谓窄化效应，是指当人处于情绪的控制下时（比如说恐惧或者愤怒），关注点会急剧变窄，容易盯着某个细节或者某个点，视野和认知都会变窄，为了满足当下的内心需求，就会放任自己去做不应该做的事情。

神经生理学家发现，处于窄化状态的人，体内会分泌一些化学物质，驱动自己发泄欲望。

也就是说，处在窄化效应下的人，很难阻止眼前所有的冲动，会被身体和情绪的本能所控制，越是想要利用理性去抗拒和克制，越容易适得其反。

所以，这个时候“讲道理”作用通常不大，当情绪问题没有解决的时候，拼命“讲道理”的人往往会显得特别讨厌。

那这个时候应该怎样处理比较有效呢？

首先，针对我们自己。当我们自己因为情绪上来，可能会陷入窄化状态时，我们要做到以下两点：

一是保持觉察。

自我情绪调解最有效的方法就是保持觉察，知道自己的情绪大概处于什么状态，从而避免做出让自己后悔的冲动行为。那如何才能自我觉察呢？最简单的方式就是关注自己的呼吸，当情绪上来开始进入窄化状态时，一般呼吸会变得急促，这个时候先花几分钟平复一下呼吸，感知一下身体哪里比较紧绷，这是让自己放松下来最为直接的方式。

二是状态预警。

在自我觉察的情况下，如果觉得效果不佳，或者没有紧急调整的时间，那可以直接和对方说："我的情绪有点激动，可能需要一点时间平复一下，能不能给我几分钟调整一下？"或者在其他一些场合，你可以说需要去上个洗手间，或者说需要找个地方冷静一下，这样对方也心里有数，同时能对你起到一定的督促作用。

针对正处于窄化状态下的另一半，你应该怎么做呢？我也给大家支两招：

一是积极倾听，理解对方的真正需要。

在冲突发生之前或发生过程中，如果对方的情绪和需要被你看到并给予了回应，其实问题就已经解决了一大半，而这个过程中，学会积极倾听就很重要，那么我们该怎样去倾听呢？

在倾听时要注意对方的表情与肢体语言，尝试去感受对方的情绪，明白对方此时的情绪状态究竟怎样。如果能够更深一步，去理解对方为什么会有这样的情绪，看到对方的内在需要是什么，就可以结合前面说过的区分立场和需要的方法来处理了。

需要提醒的就是，在倾听的过程中要把注意力放到对方的情绪与需要上，可以通过提问的方式确认对方的感受，而不是带着评判的角度自以为是。这是应对处于窄化状态的对方的第一要义。

二是要把握好节奏，“先讲情，后讲理”。

其实“先讲情，后讲理”这个先后顺序大有学问，因为只有处理好情绪的问题，后面的讲道理才有可能变为现实。再加上人在窄化状态下，会感觉到时间变慢。这个时候，我们处理情绪就不能着急，要花足够的时间与耐心来倾听，或者通过有效提问来让对方逐渐释放情绪。情绪平复后，问题的解决就会很快。

我在调解夫妻冲突时就遇到过这样的例子，双方因为谁应该多承担家务和带孩子的问题吵得不可开交，并且都觉得自己非常有理，越说越激动，感觉已经进入到窄化状态，开始钻牛角尖了。

这时，我故意把节奏慢下来，先让双方聊了聊没要孩子之前的生活状态，又问了问他们理想中的亲密关系的样子。谈开以后，我问女方的真正需要是什么。她说渴望和丈夫能更亲密，也希望丈夫能在孩子的成长过程中多参与，起到榜样的力量。

男方听到后，稍微有点惊讶。我问他什么感受，他说因为自己有一个非常严厉的父亲，从小没有生活在鼓励表达感受的氛围中，所以不太清楚感受和想法的区别。这个时候我继续引导他。

我问，听到妻子希望和你建立更深的连接的时候，你感动吗？他点点头。

我继续问，那你拒绝后，你的感受呢？他有点沉默。

我问，是不是有点愧疚？他点了点头。

但他解释说他爸爸也是这么带他的，很严格，陪伴很少，他很敬重他父亲。

我又问，那你和你爸爸亲密吗？你有情绪的时候会找你爸爸分享吗？他说不会。

我接着问，那你希望你的孩子以后和你的关系是重复你和你爸爸的关系吗？我看到他沉默了，眼泪流了下来。

这个时候，神奇的一幕发生了，他妻子也开始抹眼泪，并安慰他说，确实他父亲给了他太大的压力，还去给丈夫擦眼泪。

两个人释放情绪后，接下来在家务的分配问题上非常迅速地达成了一致。

所以，在观察和处理对方情绪的时候不能着急，节奏很重要。说话攻击性逐渐降低，呼吸开始平稳，面部表情开始放松，尤其是开始流眼泪等，都是情绪释放的信号，是我们在应对窄化效应时要高度关注的。

情绪平复后，再用我前面提到的区分立场和需要的办法，找到自己情绪背后的需要，通过温和的方式表达出来，那我们就不会被鸡毛蒜皮的争吵绑架了。

跳出思维局限，不再局限于自己的立场、纠缠对错，就能穿透表象，看到对方真实的需要。如果你真的带着一份深情，愿意去满足对方的需要，那么恭喜你，你已经领悟到了幸福婚姻的诀窍，我相信你们的亲密关系也会越来越好。

第15讲

简明对话

如何与另一半好好聊天？

好好聊天不是一件难事

上一讲我们讲了如何通过区分立场与需要，来化解亲密关系中的冲突。尽管我认为在关系中不应该害怕冲突，但是一定要学会如何更好地应对冲突，因为每一段关系中我们都避免不了它。在亲密关系中很常见且很容易引发冲突的一个现象是，你本想和另一半好好聊会天，但他却总是抱着手机不放。

就像我上一讲给大家演示的那个典型的冲突场景，丈夫回到家只顾着看手机，妻子对此很不满，因此两个人大吵一架，甚至闹到要离婚。那么，除了我上一讲中提到的那些方法，还有没有可能用一种更为巧妙的方式直接让对方心甘情愿地配合呢？

我想和大家分享我在耶鲁大学领导力课程里面学到的商业沟通中非常实用的沟通工具，叫作简明对话（clean talk），来帮助大家在不发生冲突的情况下，有效实现谈话目的和需要。

所谓简明对话，是指用非常清楚简明的方式，表达自己的感受和需要，然后提出请求。这个工具主要用在商业沟通中存在误解或者无效沟通的情况下，目的是让对方能够准确把握你的意图和想法，从而打破僵局，形成有效沟通。

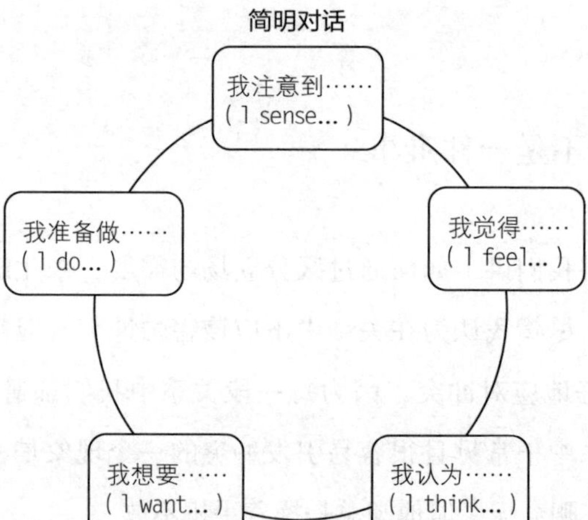

通过这张图可以看出来，简明对话主要分为以下几个步骤：

一是用“我注意到……”来直接描述你观察到的事实。尽量做到客观陈述，尽量用数字和例子来阐述，避免评价。比如“我注意到你看手机已经超过2个小时了”“我注意到家里的地板没有擦”。

二是用“我觉得……”来表达你的感受。尽量用“我”来开头，避免使用“你让我……”，避免指责的感觉。比如“我觉得有点失落”，而不是“你让我很失落!”

三是用“我认为……”来陈述自己的看法。解释是什么样的需要导致你产生了前面的感受。比如“我认为我没有得到应有的尊重”“我认为我们之间的感情连接没有达到我期待的深度”。

四是用“我想要……”来提出自己的请求。比如“你能现在放下手机，陪我说说话吗?”“你能答应我以后我们共进晚餐时把手机放到一边吗?”

五是用“我准备做……”来表达自己准备采取的行动。这一点在商业对话中可能更为常用，主要是为了通知对方自己可能会采取的一些行动，起到提前告知或者预警的效果，能够让对方更为重视。在家庭成员中，我一般不太鼓励直接使用这种表达，因为可能听起来有威胁的感觉。但是对于某些屡教不改的行为，还是可以使用的。比如你可以说“我准备制定家规，明确我们之间相处需要遵守的规则。我会拿初步方案和你讨论，如果你同意就签字确认，接下来明确按家规执行”。

如何用好简明对话？

简明对话是非暴力沟通的一种，看起来容易，也就是五句话，但要用好还是非常不容易的，因为我们平常遇事的第一反应经常是做评价、下结论或者直接命令和指责对方。而且用好简明对话，还需要注意下面几个原则：

1. 区分观察与评价

也就是说，观察要以客观的事实为基础来进行陈述，尽量不要掺杂主观臆断与评价。比如上文看手机的例子中“你怎么老是看手机！”就是一个评价，而不是观察，因为“老是”是一个主观的判断，也明确有抱怨和指责的语气。

正确的做法是我前面提到的“你从回家到现在看手机已经超过两个小时了”，这个就是观察，也不容易引起对方的反感。

我给大家再举一个例子，“你这周很少擦地”这句话大家觉得是观察还是评价？我估计很多朋友会觉得是观察，时间、人物、事件很具体，但这句话其实是一个评价。为什么呢？问题出在“很少”这个词上，什么叫“很少”，其实每个人的标准是不一样的。

比如我和老婆 Emma 在这个问题上就会有明显的分歧，她比较爱干净，觉得每天擦地很正常，所以一周擦三次地对她而言就是“很少”。但是对我这个比较随性的人来说，以前一周就擦一次地，现在一周能够擦三次，已经很多了！如果我们不能意识到这是个评价，就很容易在这样的问题上纠缠不休。正确的说法是“你这周擦了三次地”。这就是观察，客观中立，谁也没有办法反驳。

这种区分看起来很费事，但能够让我们对自己妄下判断的习惯有所觉察，了解自己有多么喜欢给评价。这个非常难，但恰恰是简明对话的核心。

2. 区分感受和想法

什么是感受？什么是想法？很多人经常会把它们混淆，比如“我觉得这不公平”，大家觉得这是感受还是想法呢？

我估计很多人会说是感受，因为用“我觉得”来开头。那把“我觉得”换成“我认为”，“我认为这不公平”，是不是一样成立？一个简单的区分方法是，用“我认为”开头的句子谈的都是想法，而不是感受。

那什么才是感受呢？感受是我们的情绪状态，比如难过、伤心、愤怒、沮丧等，当然也有高兴、激动、兴奋等正面情绪。而前面提到的“我觉得这不公平”为什么不是感受？因为不同的人面对不公平可能有不同的感受。如果是一个比较软弱隐忍的人，那么他可能觉得委屈。对于一个脾气比较暴的人，可能会觉得很愤怒。而对一个早已习惯不公平的人来说，可能是无所谓。

所以，你不能以自己的感受去替代别人的感受。沟通中非常重要的一个原则，就是你不能去否定别人的感受。比如对方说

“我很伤心”，你不能说“你怎么能伤心呢，这有什么好伤心的？”这样对话就没法继续了。对方也会觉得你完全不理解他。但是，想法是可以讨论的，比如对方说不公平，你可以问不公平的标准是什么，是不是可以换位思考，等等。

所以，区分感受和想法也很重要。我们要学会表达感受，也要学会去关注和确认对方的感受，而不要想当然地认为你已经明白了对方的感受，粗暴地打断对方。

3. 要解释你为什么会有这种感受

用“我觉得……因为我……”这样的表达方式来解释感受的原因，和对方产生连接与共情，而不是让对方觉得你在指责他。我有过这样一个咨询案例，妻子对丈夫应酬回来太晚这件事非常不满，和丈夫抱怨过几次，但效果甚微，到最后经常因为这个问题吵架。

如果妻子能够和丈夫说“我非常害怕，因为现在晚上的治安不太好，我很担心你的安全，我很在乎你，不希望看到你出意外”，那我想丈夫听到这样的表白，是不太可能无动于衷的。

但是，解释感受产生的原因往往是最难的，因为需要我们面对自己脆弱的部分。很多时候我们是出于害怕，害怕失去对方，害怕对方不再爱自己，但是我们很不愿意承认自己害怕，觉得这会让自己处于完全被动的地位，所以表现出的往往是语言暴力与过激行为。

4. 表达要求时要尽量清楚明确

表达要求一定要具体明确，并且可执行。比如上面提到的例子，如果妻子的要求是“你能不能早点回家?”这就不够具体。几点算早？每个人的标准可能不一样。所以要尽量具体，或者量化。同时还要合理、可执行，否则这样的要求就没有意义。

我在做亲密关系的冲突调解时，就发现很多当事人都说不清楚自己明确的需求，所以吵到后来也是一笔糊涂账。

当然，这种简明对话的方式也受到过很多朋友的质疑，觉得很不习惯，太不自然。并且在吵架的时候大家都非常激动，谁还能那样冷静地说话？另外，他们也质疑，这种方式对解决实质问题而言效率会不会太低?

针对这种质疑，我想强调两点：

一是习惯跟自然不一样。对于我们习惯的说话方式，你不能说那一定就是自然的，其实只是你习惯了而已。比如说你成长于一个暴力沟通的家庭，跟亲人之间用很直接粗暴的方式进行沟通，不需要去讲“谢谢”“请”之类的，也不表达自己的感受，你觉得对方应该懂，但其实只是因为你习惯了。比如在日本，家人之间也会经常将“谢谢”挂在嘴边，这可能是他们家庭中的一种仪式感，他们就认为这才是自然的。所以不要想当然地认为自己习以为常的东西就是自然。

二是我们总觉得问题就在那里，为什么不能直接解决问题，而要去关注感受。在没有情感连接的时候，是很难跳到问题解决那一步的。这就是我前面提到的，在家庭内部要“先说情，再说理”，情不到位，再有理也白搭。

说回一开始老公看手机不陪老婆聊天的案例，如果用简明对话这个方法，结合上面的几个原则，女方可以采取这样的方式来沟通：“老公，我注意到你回来以后盯着手机已经超过两个小时了，在这个过程中我和你说了三次话，你都没有正面回应。我觉得很失落，因为我希望能够和你有更多的情感连接，也希望你能够更关注我，所以你能把手机放下，多陪我聊聊天吗？”

我相信，面对这样的请求，男方会认真对待的，也不会因为觉得妻子是在指责他而对妻子产生心理抵抗。如果像案例中来访者一开始的做法，互相指责和争吵，只会让事情变得越来越糟糕，而通过简明对话的方式，能让对方心甘情愿地放下手机多陪陪你。

不过要提醒的是，实践出真知，这种沟通方式很好，但是需要多加练习才会变得自然，变成你习惯的语言，从而让关系中的两个人能够在日常细节中真正达到深度沟通和亲密互动。

第16讲

积极倾听

对方死不认错怎么办？

对亲密关系的另一种伤害——不承认错误

本讲我们来聊聊亲密关系中的另一个话题，就是对方明明做错了却死不承认，还不断为自己找借口辩解，面对这种情况，我们应该怎么办？

我遇到过这样一个来访者，她是一个对自己要求很高的人，做事严谨细致，有时甚至可以说一丝不苟，眼睛里也容不得沙子。而有意思的是，她老公性格随意散漫，做家务敷衍了事，对很多事情也不太上心。这让她很抓狂，经常指出老公的错处，希望能够帮他改变。可是老公不仅不改变，甚至还觉得是她要求太多、事儿太多，而且经常找出各种理由为自己辩驳，比如女方交代他做的家务活，他明明忘记做了，还振振有词地说自己工作很辛苦，需要好好休息一下，恢复体力了才能做好。女方自己天天上班也很辛苦，回到家还要照顾孩子，却从不会找这样的借口。

更让女方忍受不了的是，她发现老公在外面有了小三。尽管被发现后，老公果断与小三断了关系，也承诺不再犯这样的错误，但是女方一直过不了这道坎，有时会忍不住追问这个事情，老公又会辩解说“我和对方只是肉体上的关系，没有真感情”“现在男人在外面有点这种逢场作戏很正常”之类的，让她很抓狂，所以找到了我。

她问我：“陈老师，明明他做错了，为什么还振振有词，不停辩解？如果他能认错并真心悔改，我还是可以考虑原谅他的，但是他现在这样，我真的是对他很失望，对这段婚姻也不再抱什么希望了。”

这个来访者的情况是亲密关系中一个非常典型的问题。很多人问我，为什么对方那么喜欢狡辩？明明就是做错了，承认就好了，但是偏要杠到底。

这确实是个值得深入探讨的问题。根据我的咨询经验，在亲密关系中人们喜欢辩解主要出于两点原因：

一是立场关系。我前文讲过要区分立场和需要。在冲突中，当我们习惯性地选择“我是对的”这个立场时，其实就已经把对方推到了“他是错的”立场，而人性本能都是习惯为自己辩解的，毕竟被否定谁都不会觉得舒服，这是一种自我保护意识。

二是掩饰内心的恐惧或者自卑。对一些人来说，承认自己的错误，是一件危险的事情。因为在这些人童年的时候，承认错误往往意味着被责罚，甚至是被暴打一顿。童年的阴影会进入潜意识，让他们在面临这样的情况时，第一反应就是辩解不是自己的错，从而躲避惩罚，这种辩解甚至会成为一种下意识的行为。还有些人特别自卑，缺乏内在的价值感和力量感，犯错的时候更是觉得自己一文不值，羞愧难当，为了逃避这种感觉，他们采取的方式就是否认和辩解。

比如这位来访者的老公。我通过深入了解，了解到其实他父亲在他小时候就有过出轨的行为，给他母亲和他都造成了很大的伤害，他在内心是不能接受这样的行为的，所以当这样的事情发生在他自己身上的时候，他害怕面对自己的错误，只能拼命合理化这个行为，通过自我催眠，告诉自己只是解决生理需要而已，大家都这样，不需要大惊小怪。但是这些辩解反而让他老婆更抓狂，甚至觉得他这个人本性如此，不值得原谅。

积极倾听，卸下对方的防备和抵抗

在这种情况下，我们应该怎样做才能让对方卸下防备和抵抗，真正认识到自己的问题呢？

这里和大家分享一个非常实用的沟通工具——积极倾听。倾听能力是我在 MBA 领导力课程中学到的最为核心的能力，也是对我的亲密关系管理和咨询工作帮助最大的一种能力。我们首先需要了解一下倾听的三个不同层次与相关的特点。

倾听的第一个层次是关注点放在自我上的倾听（self-focused listening）。这个时候倾听的人只是假装在听，但注意力其实是完全放在自己身上的。比如，预测对方可能会说什么或做什么，自己在脑海中演练应该怎么回应，或者怎么辩驳对方的观点，等等。听者更感兴趣的不是“听”，而是“说”。总体来说，容易导致冲突的倾听绝大部分都停留在这个层次，就是很少去关注对方，只是想着怎么表达自己或反驳对方。

倾听的第二个层次是关注点转移到对方角度的倾听（other-focused listening）。这个阶段，倾听者开始关注对方在说什么，注意力也开始放在对方的字词和内容上。我用日语交流时就是这样，因为还不熟练，生怕错过对方的重要信息，会特别用力想去听懂对方说的内容，但是因为太过用力，有时往往会忽略讲话者通过语调、身体姿势、手势、脸部表情和眼神所传递的意思。又因为自己不断通过点头或应声来表示自己在倾听，所以往往会被误会成完全听懂了。而苦于日语表达能力的欠缺，往往很难通过提问来确认，经常似懂非懂。所以当我们把注意力放到对方身上的时候，会有提升，但还不够。

倾听的第三个层次叫深度倾听（deep listening），也就是我们说的积极倾听。这个层次的倾听者会对对方表现出极大的好奇心和关注度，并通过对方的谈话来搜集信息，会针对自己感兴趣的部分不断提问来确认信息。优秀的倾听者一般都会避免武断地评判对方的观点，而是能够回应对方的情绪，表示理解与尊重，并且会通过复述、总结和开放式提问，与讲述者不断深化互动。

那如何才能真正做到第三个层次的积极倾听呢？

深度倾听的语言特点

保持好奇！　积极发问！

尝试通过问题搜集到足够信息后，再来给建议

积极回应	·“嗯”“哦”“这样啊”“原来如此”“明白了”……
好奇发问	·嗯，你继续/比如说…… ·关于这个能不能再具体点…… ·我想知道到底发生了什么？ ·能和我多说一点关于这件事的情况吗？
有效反馈	·所以你认为…… ·听起来你觉得…… ·我在想这会不会让你觉得…… ·所以，你的意思是说……

通过上图可以看出，深度倾听需要做到积极回应、好奇发问和有效反馈三个方面，并且要把自己的状态天然调整到关切和好奇的状态。

一是积极回应。如图所示，通过“嗯”等语气词告诉对方你听到了。

二是好奇发问。是指保持好奇的状态，多提开放式问题。这其实是亲密关系中最有挑战的部分，因为大家都以为自己很了解对方了，所以也都缺乏耐心，不愿意用好奇和开放的心态去关注和询问对方。那怎么做到开放式提问呢？最好是以“what（什么）”“how（怎样做）”“where（哪里）”“when（什么时候）”“why（为什么）”等引导的开放式问题。这个部分比较有难度，也是我线下工作坊培训的重点，需要反复练习。当然，最最重要的，还是要表现出兴趣和关心，这个很难伪装，因为这种态度基于对对方的尊重与理解，好的倾听有利于培养尊重和理解，态度与行为相互影响，从而形成良性循环。

三是有效反馈。尝试着去复述对方的讲述，试图去确认对方的情绪，尽量多提问题来确认自己的了解是否到位，可以参考上面图示中的几种确认方法。

这里和大家分享《非暴力沟通》一书里讲到的一个经典案例。

案例的女主人公当时在多伦多的一家戒毒中心上晚班。在晚上 11 点左右，有个男人走了进来，要求给他一个房间休息。这个男人看起来刚吸过毒。所以这位女士就跟他解释说，所有的房间都已经满了，然后给了他另一家戒毒中心的地址，但是那个男人瞬间就发怒了，直接把女方摔倒在地上，并拿出一把刀抵在她的脖子上，大声嚷道：‘不要对我撒谎！你一定有房间！’”

她当时其实非常害怕，但是她想起来在非暴力沟通的课上学过，一定要保持冷静，所以努力让自己保持理智的状态，本来忍不住想说“但是”，但她突然记起来，面对一个生气的人，永远不要试图争辩，而要耐心去倾听对方的感受。

所以，她深吸了一口气，对那个男人说，“看起来，你真的很生气，你想有一个房间可以休息”。男人大声嚷道，“就算我是个瘾君子，我也需要尊重。没有人尊重我，气死我了。连我的父母都看不起我！我需要尊重！”于是，她问男人：“得不到别人的尊重，你是不是很气愤？”这时这个男人的情绪平复了一点点。后面她继续通过这样积极倾听的方式，不断地回应和确认对方的需要，他们的对话持续了三十多分钟，最后男人的情绪终于平复下来，拿开了刀。

你看，这就是积极倾听的力量。在对方处于防御状态，尤其是窄化状态时非常有效，也是我们良好沟通很重要的基础。

而前面提到的那个案例，我也是用这种好奇发问和有效反馈的方式最终化解了那个出轨的老公的辩解，引导他真诚地向老婆道了歉。

当我问到男方为什么会出轨时，他的辩解系统马上启动，给我讲了一堆理由，比如他老婆性冷淡，生完孩子后更是对这件事情敷衍了事，甚至直接拒绝，他在外面工作压力很大，以及他对那个女的根本就没动感情之类的。

我接着问他：当你老婆拒绝和你过性生活的时候，你有什么感受?”

他沉默了一会，然后甩了一句："习惯了，无所谓了。"

我看得出来其实这件事应该让他很受伤。我接着问："你是说最开始拒绝你的时候你还感到比较受伤，但是因为被拒绝的次数多了，所以开始变得无所谓了，对吗?"

他没有否认，但我明显感觉到了他的情绪波动。我接着问："我了解到你还是一个要强的人，也理解可能在这件事情上被人拒绝的感受，但是你有没有直接和你老婆表达你的愤怒呢?"

"她带孩子确实辛苦，我也不能说她什么啊。"

"说得好！可以看出来你还是体谅老婆的，也了解她的苦衷。但是你知道吗，她和我说，其实你出轨这件事情对她的伤害太大了，她甚至一度怀疑你以前对她的各种讨好可能都只是在掩饰，她也在反思自己是不是对你太严格和挑剔了，让你觉得很有压力。她更意识到其实内心是非常在乎你的，但是现在她对你的信任确实被你破坏了，被你伤得很深，你能体会到她受伤的感觉吗?"

这个时候，老婆已经开始掉眼泪了。我发现这位老公没有再辩驳，我又加了一句："其实我觉得你可以明白她的心情，因为你妈妈曾经也受到过这样的伤害，你内心也非常不愿意面对你犯了这样的错误，你内心没有办法原谅你自己，对吗？"

我发现他整个人松动了，眼睛里开始有泪花。这个时候我语气更柔和了一些："你能不能和你妻子说一句，你体会到了他的感受，你为你给她造成的伤害感到真正抱歉，你也愿意和她一起好好开始新的生活？"

他最后做到了。而他老婆面对他真诚的道歉的时候，也哭得稀里哗啦，她等待这个道歉真的很久了。更可喜的是，她真正明白了老公辩解背后的深层原因，明白了其实老公已经认识到了自己的问题，她也更愿意在交流中运用积极倾听去了解对方真正的想法，通过深层次的沟通，两个人的感情开始慢慢回温。

第17讲

情绪抽离

你想解决问题，对方却总是冷战怎么办？

冷战，也是一种攻击

我最近遇到一位来访者，老公特爱打冷战，让她很抓狂。两个人其实感情还可以，但就是没有办法很好地处理冲突。她是个急性子，每次发生冲突，都特别期待赶快把问题解决掉，但老公永远是一副不理不睬的态度，甚至直接离家出走。刚开始她会很着急，第一时间发信息询问情况，而老公一般也会在一两小时后等情绪平复一点回复信息。但是现在她发现对方好像越来越变本加厉，冷战的时间越来越长，有时好几天都不搭理她。她也很生气，觉得凭什么总是得自己去求和，慢慢地也懒得去主动和好了。但是冷战的这个过程真的让她身心特别疲惫，更糟糕的是，孩子一看到他们两个人冷战，就会表现得特别没有安全感，经常会有各种讨好行为，期待父母能和好。她看着孩子也非常心疼，但面对喜欢打冷战的老公却束手无策，于是找到了我。

这个案例中的情况，在亲密关系中并不少见，不少夫妻或者情侣因冲突问题来找我咨询时，都会问我，如果对方根本不和你吵，采取不理睬、不沟通、不示好、不和解的“四不”原则，直到你去主动求和，应该怎么办？

这确实是一个不容易解决的问题。不过讨论解决方案之前，我想先和大家分享亲密关系冲突管理中一个很重要的知识点——攻击的三种形式，来帮助我们更好地理解，为什么说冷战也是一种攻击，并且是一种杀伤力极强的攻击。

在亲密关系中，攻击有三种表现形式：主动攻击、情绪抽离和被动攻击。

所谓主动攻击，就是我们通常说的直接发泄，包括暴力的语言和行为，比如批评、指责、怪罪、威胁、谩骂甚至身体暴力等。

所谓情绪抽离，就是我们这里要重点讨论的冷战，比如我刚刚提到的“四不”原则，或者用冷冰冰的表情与肢体语言表示“滚开，去死吧”。

所谓被动攻击，则是一种相对隐蔽的攻击，主要通过装可怜、苦肉计来激发对方的负罪感，甚至自伤自残，让对方产生罪恶感。

这里通过一个真实案例来讲讲这三种攻击形式的区别。

我有一个老朋友，是个老烟枪，抽烟很厉害，而他的妻子很不喜欢他抽烟，所以两个人因为抽烟的问题没少争吵。到后来，我朋友的做法就是妻子抱怨时，他不搭理，不回应，但烟照抽不误。有一次我到他们家吃饭，饭后朋友又习惯性地点了一支烟，他妻子就有些忍不住了：“我说，你抽烟问你朋友的意见了吗？你有点教养好不好？你不管我的死活也就算了，你能不能不要到处去残害别人啊！”我一看气氛不对，马上救场说：“嫂子，没关系的，我们很多年朋友了，我知道他有这个癖好。”我话音刚落，她马上抢话：“那你也说说他，抽烟这么严重，他不想活我们还想活呢！”

这个时候，我朋友明显撇了一下嘴，瞪了对方一眼，然后对我说：“哥们儿，我们出去走走，透透气。”他老婆感觉要炸了：“走走走，走了就不要回来！陈先生，对不起，我不是针对你。”我赶忙安慰道：“嫂子，没关系的，我知道您是关心他，我和他好好谈谈。”听到这句话，女方情绪明显缓和了不少，说道：“那就拜托您了！反正我说他是不听的，您以后常来。”

我和朋友出去后，谈了一下这个问题。

我问朋友：“刚才的情况经常发生吗？”他点了点头。

我：“那你什么感受？”

朋友：“我烦透她了，像个泼妇一样没完没了。”

我："那你为什么不回应呢?"

朋友："说了也没用，只会引起更大的争吵，不理就是了。"

我："但是你有情绪啊，不理并不代表你默认她的观点，对吧?"

朋友："当然不认同。我只是不屑和她争论罢了。"

我："你看，这就是问题。你是没有直接争吵，但是你用冷冰冰的态度告诉她，你完全无视她的存在，你很烦她，你希望她滚开甚至消失，对吗?"

朋友点了点头。

我："其实这也是一种攻击方式，叫情绪抽离，就是我们常说的不搭理、打冷战。这种攻击方式的杀伤力并不比你老婆的主动攻击来得小。你有没有注意到，当我肯定了她的情绪，并指出她是因为关心你，所以才那样表现后，她对我的态度明显有了变化?"

朋友："确实是，她不仅对你尊称'您'了，还主动邀请你再来做客，我都有点惊讶。"

我："是的。所以在对方和你都有情绪的情况下，不争吵并不是好的冲突解决方式。相反，你如果能回应和肯定对方的情绪，然后再说出对方情绪背后的需要（比如关心你、期待你的注意与关心等），对方的情绪才有可能缓解和平复，你们才有真正对话的可能。"

这个例子中，女方就是典型的主动攻击，语言暴力很明显，而男方则是经典的情绪抽离，通过冷暴力来激怒对方。当然如果这里妻子通过装可怜，比如说不停咳嗽，或者谎称自己头痛、恶心、难受等让对方有负罪感，从而达到控制对方的目的，那就是被动攻击了。

为什么会打冷战以及如何应对？

为什么有些人习惯于用打冷战的情绪抽离方式呢？

这其实跟我们的童年经历有很大关系。在童年时期，孩子都渴望情感回应，因为不回应意味着死亡。但如果从小教育就缺少情感表达这一项，父爱沉默如山不和你沟通，或者母爱强势控制，要求你一定听话，那你的情感需求就会常常得不到回应。刚开始，你肯定是渴望去争取回应，但如果屡屡受挫，就会逐渐丧失信心，转而习惯用压抑的方式来自我防御。

当这种情绪反应形成习惯后，我们在面对冲突的时候就不容易直接表达自己的感受，而是采取不回应的方式来逃避，期待问题自然解决。如果对方足够包容和接纳，确实有可能缓解，但如果对方也缺乏安全感，期待回应和连接，那这种冷战的逃避方式就会让对方体会到被拒绝甚至被抛弃的恐惧和痛苦，反而拼命渴望抓住你，这个时候往往就会表现为主动攻击的形式，比如我前面提到的来访者，就会抱怨、指责甚至谩骂，但是她越这样，对方越会选择逃避，慢慢她心也凉了，两个人都陷入冷战之中。

我的来访者中最夸张的甚至有 3 个月不跟对方说话的，这种消耗战对感情有致命的伤害，也是导致离婚的重要原因之一。我在工作坊中也问过不少学员最受不了对方的什么问题，很多人都说冷战，因为感觉非常的无力和绝望。

冷战对感情的危害这么大，那如何才能有效避免或者应对冷战呢？根据我的咨询经验，这里给大家三点方向性建议：

1. 重在预防

一旦陷入冷战之中，尤其是长久的消耗战中，往往解决起来很棘手，所以解决冷战的第一原则是“重在预防”。

冷战较常出现在一段亲密关系的幻灭期，伴随着指责、辩解、蔑视等行为，会让关系问题的严重程度不断升级，最终导致一段关系的破裂。

所以，一段婚姻在走到冷战之前就应该尽量预防。可以通过增加生活的仪式感来尽量规避冷战，比如早上互相拥抱，晚上互道晚安，形成习惯，即使对方偶尔有情绪没有遵守，你也可以按照习惯继续进行。

还有就是约定好尽量吵架不过夜，就像我们老祖宗说的，“床头打架床尾和”，尽量不因为冲突而拒绝任何的身体接触，尤其是不能把拒绝性爱作为惩罚对方的措施，这真的很伤对方。在两个人心平气和的时候制定和谈妥一些规则，到了冲突可能引发冷战的时候，用规则来说话最有效。

2. 一方积极主动，另一方就坡下驴

如果一方还是选择了冷战，那就需要另外一方主动求和，在亲密关系中最怕“死要面子活受罪”，只要有爱，主动求和恰恰是领导力的体现，建议每个人都能拥有这种领导力。

具体来说，可以用我前面提到的简明对话的方式来表达关心和感受，比如“你今天一直皱着眉头不说话，看上去心情不大好，对不对？”用关心的语气打破尴尬的氛围。

或者可以寻求帮助，让对方觉得没有他你确实不行（其实就是示弱，婚姻中会示弱和会撒娇其实是一种非常重要的能力），不过请求应该避免使用抽象的语言，而要借助明确具体的描述来提出要求。我前面也提到过，请求要明确、具体、可执行，比如“我希望你多陪我说说话”操作起来会容易得多。比如说，瓶子打不开，能不能帮我开一下？有部电影听说特别棒，很想去看，你能陪我一起去看吗？

还可以故意放一部大家平时都比较喜欢看的电影或者娱乐节目（最好是逗乐的），然后招呼对方，“你喜欢的节目开播了哦，你要不要过来看？”

或者直接给对方发送各种有意思的表情，比如非常萌的“我错了”“求抱抱”之类的，给对方释放和解信号。

这也是我和妻子 Emma 经常采取的方式。因为 Emma 的情绪上来很快，心性也比较清高，往往情绪一来就阴沉着脸不理我。

这个时候，我知道一定不能再去激怒她了，如果继续和她讲道理，或者说“你怎么这么容易生气啊”，那简直就是找死。这个时候，我一般会先让她冷静一下，也把注意力放到自己的呼吸上，让自己尽量平静下来。只要我平静下来了，就会给她发一些搞笑的表情，比如“老婆大人，我真的错了”“给大佬递茶”“永远爱你”之类的，刚开始 Emma 会回“去死吧”“滚开”这样的表情，不过我知道她的气已经消了一大半了。然后我就会去主动抱抱她，刚开始她可能也会推一推，不过这个时候你只要坚定地抱住她，她很快就会松弛下来，一场短暂的冷战就会很快化解。

3. 不要急着逼对方回应

当两个人陷入冷战的时候，我们经常可以见到，一方选择冷战，不说话、不理睬，另一方却渴望快点解决问题，很着急逼对方回应，于是就会出现一方逼得越紧，另一方就越回避的情况，导致冷战愈演愈剧。

这样的方式对于解决冷战冲突是很不利的，我们前面也简单分析了冷战背后的原因，其实作为挑起冷战的那一方，他心里可能也不好受，但是很难一下子去改变这种行为模式。而且很多时候，回避型依恋风格的人会更容易采取冷战的方式来应对冲突问题，这类人有一个很大的特点就是，你越是逼他，他就越想逃。

所以，如果你的另一半喜欢冷战，你首先要调整一下自己的状态，接受对方沉默的状态，不要急着逼对方回应，但可以适当表达你的关心。

不过有很多人会跟开头案例中的来访者一样，觉得凭什么每次都要自己主动求和？答案其实很简单，因为爱，也因为任何好的关系都离不开互相的包容和妥协。所以尝试理解对方的行为，并接纳，同时也可以向对方表达你的感受，让对方明白这种方式让你很受伤。当对方感受到你的包容和付出时，我相信对方是会愿意努力去做些调整和改变的。

第 *18* 讲

末日四骑士

关系中总被另一半贬低怎么办？

鄙视，婚姻中的“头号杀手”

我有这样一位女性来访者，找到我的时候已经重度抑郁，甚至有了自杀的想法，她和我说在婚姻中非常痛苦，自己一点价值感都没有，不论做什么都会被挑剔，感觉自己一无是处。第一次咨询时我都有点纳闷，因为这位来访者各方面都很优秀，长得很漂亮，学历也很高，工作也很不错，但为什么自我价值感那么低呢？深入了解后，才明白她老公总是喜欢贬低她，经常说一些带有很强的人身攻击的话，比如“我没见过比你更笨的人，什么都做不好”“我不知道当初怎么看上了你，整个一绣花枕头，一点实际用处都没有”“你们领导怎么会用你这样的人，你不会是和人家睡过了吧”。

听了这些奇葩言论，我也相当震惊，不明白为什么她要忍受这样一段关系，她说是因为舍不得孩子。后面我教她如何说服老公来参加咨询。当两个人一起咨询的时候，她老公那种无处不在的鄙视气息连我都难以忍受。她老公很少正眼看她，完全是一副居高临下的态度，那种不可一世的傲慢真的让人很不舒服，跟她说话的时候也带着不屑的口吻，经常冷嘲热讽，时不时还翻几下白眼。我真的很难想象这样的婚姻她竟然能够忍受6年，也明白为什么她会重度抑郁甚至想自杀了。

这样的婚姻关系是很难维系的，如果勉强维持，对被鄙视的一方身心损害也非常大。我在前文提到的约翰·戈特曼教授有这样一种能力：一对夫妻走进他的爱情实验室，花5分钟来观察夫妻的交流，他就能预测出这对夫妻将来是否会离婚，而这个预测的准确率高达96%！为什么他能这么牛？是什么迹象让这位婚姻大师能够在短短5分钟内做出如此准确的预测呢？

原来他通过长达40年对几千对夫妻的研究和观察，发现一段婚姻的破裂是有迹可循的。每一段不幸的婚姻都有着惊人相似的共同点，经过研究他最终总结出了“末日四骑士”，也就是指责、辩解、冷战和鄙视。他说：“一桩婚姻的破裂是可以预见的：先是以习惯性的苛刻开始，争论期间出现四位冷酷无情的骑士，并带来频繁的情绪的淹没感。”所以当一段关系中经常性出现这些迹象时，他基本可以断定这段婚姻很可能走向破灭。

而在这“末日四骑士”中，鄙视对于一段关系的危害最为严重。我前面案例中提到的骂人、翻白眼、讥笑、挖苦和冷嘲热讽都是鄙视，而任何形式的鄙视都会毒害夫妻间的关系，因为它表达了人的厌恶之情。所以我们说，鄙视是婚姻中的“头号杀手”。

为什么鄙视对婚姻的伤害如此之大？根据我的咨询经验，鄙视的危害主要有以下几点：

1. 摧毁一个人所有的自尊和努力

我在前面提到，冲突并不可怕，任何一段亲密关系中都有冲突，只要能够妥善解决，冲突有时反而能够促进伴侣之间的深入理解和交流。但是鄙视会摧毁一个人解决冲突的动力，与冷战类似，它会让人选择回避，导致问题越来越严重，直到冲突成为彼此的创伤事件。

而比冷战更糟糕的，鄙视还会严重摧毁一个人的自尊和自信，甚至让人产生严重的自我怀疑和抑郁。比如我前面提到的那位来访者，她已经没有任何动力和信心去经营好自己的婚姻了，她对婚姻只有深深的恐惧和迫切逃离的渴望，婚姻改善的希望非常渺茫。

2. 让关系陷入恶性循环

如果鄙视的一方是出于看不惯对方的某些表现而表达出自己

的厌恶之情，希望对方能够有所改变，那么我可以说，这种方式其实是非常愚蠢的，因为让配偶知道你讨厌他，实际上并不能解决你们之间的问题。鄙视必然只会导致更多的冲突，让你们的关系陷入恶性循环之中，而不是和解。

并且这种恶性循环还会波及孩子。我这位来访者的女儿也开始越来越不尊重她，但同时骨子里面也恨着她父亲，觉得父亲缺乏家庭责任感。这样的鄙视链很容易把孩子也卷进来成为受害者。

3. 最容易导致被情绪淹没

夫妻之间的鄙视越多，被负面情绪淹没的频率就越高，他们也就越难听见并回应对方的修复尝试。而且由于听不到情感修复尝试的呼声，夫妻间的鄙视会更加严重，被负面情绪淹没也会更加显著，从而更难听到下一次情感修复尝试的呼声，直到最后其中一方退出争吵。

反复出现的被淹没感会导致离婚，这有两个原因：第一，反复的被淹没感表明，两个人在相处过程中，至少有一方会有严重的情感困扰；第二，生理知觉上的被淹没感（如心跳加速、出汗等）会使能有效解决问题的讨论不可能出现，就是我前面提到的窄化效应。

人处于窄化状态下，处理信息的能力会下降，这就意味着很难注意到配偶在说什么，这时候创造性地解决问题的窗口其实已经关闭了。你只剩下诸如争吵（表现为批评、鄙视或辩解）或者逃跑（冷战）这些最简单的、条件反射性的智力反应。也就是说，解决这个问题的所有机会都已经消失，你们的讨论往往只会让情况变得更糟。

面对婚姻中的鄙视该怎么办？

既然鄙视的危害如此严重，那么面对婚姻中的鄙视又该如何解决？根据我的咨询调解经验，鄙视关系中的双方都需要做调整，被鄙视的弱势一方（尤其是女性），需要做好以下几点：

1. 学会爱自己，活出力量感

学会爱自己不是一句鸡汤，而是在亲密关系中真正赢得长久尊重的不二法门。我反复提醒我的女性来访者，一个男人看待你的眼光是由你的自我价值感决定的，也就是说，一个男人很难真正尊重和在乎一个不懂得自爱的女人。

而要学会爱自己，最重要的原则就是“人所不欲，勿施于己”。通俗来说就是用对待你最爱的人的方式来对待你自己，而不要用可能会伤害自己的方式（包括身体上和心理上的）来对待自己。很多女性在亲密关系中有明显的讨好倾向，总觉得通过毫无保留的付出就能赢得对方的感恩和欣赏，但一味地付出会很容易在一段关系中逐渐迷失自我，面对鄙视和贬低的行为时，也不能及时亮起红灯，提醒自己做出改变。比如这位来访者，如果是她的女儿面临这样的局面，她很可能会告诉女儿一定要更多地关注自己，不要盲目付出，但是落实到自己身上却容易形成惯性，难以改变。

所以，学会把关注点更多地放到自己身上，学会投资自己。不仅要照顾好自己的身体，管理好自己的形象，让自己活出好的状态，更要投资自己的头脑，丰富自己的心灵，让自己活得不受局限，这样才能真正活出内在的力量感。只有这样，才能有说“不”的勇气和资本。

2. 确定边界，明确底线

我在底线管理的部分就建议一定要把尊严列入底线管理的清单中，因为没有底线的退让只会让对方更加肆无忌惮，最后完全摧毁一段关系。

所以对于什么是不能忍受的，自己一定要非常清楚，比如尊严和自由。而对于自己的边界，一定要坚决捍卫，并且一开始就要从小事做起，对于已经侵犯你边界太久的事情也不要再容忍，起码在捍卫边界的过程中，能重新激发自己的力量。

比如我前面提到的这位来访者，在对双方进行了调解咨询后，我也给了她非常直接的反馈，提醒她如果期待通过乞求的方式来留住一段关系是不现实的，她需要评估的是除去孩子的因素，自己对这段婚姻究竟还有多少感情，究竟需要怎样的亲密关系。

而当她明白自己对于这段婚姻早已绝望，如果继续拖下去可能后果不堪设想以后，果断选择了分开。而让人惊喜的是，分开后，她的整个状态反而得到了很大的恢复和提升，和女儿的关系也得到了明显的改善，而老公对她也不像以前那么嚣张了。所以，捍卫底线是赢得尊重的重要手段。

而对于喜欢鄙视对方的强势一方，如果想真正改善一段婚姻，需要做到以下两点：

1. 己所不欲，勿施于人

其实很多喜欢鄙视对方的人根源还是自卑，渴望通过贬低对方来抬高自己，但这种维护自尊的方式其实是最蠢的。

正所谓己所不欲，勿施于人。幸福的婚姻一定要有这种将心比心的同理心，如果自己不愿意被鄙视，那就一定要学会去尊重对方。何况，不断鄙视对方其实恰恰证明了自己的无能。如果你觉得对方是一个很不合格的伴侣，只能证明你自己的眼光有问题。而且如果真的不合适，那就好聚好散，有必要不停去秀自己的优越感吗？这不恰恰证明自己在乎吗？

所以鄙视的一方一定要好好学习我前面提到的简明对话，学会用温和坚定的方式来正面表达自己的情绪和需要，而不是情绪化的表达。

2. 练习喜爱和欣赏，好伴侣是夸出来的

心理学家马斯洛说过，我们都有自我实现的预言能力。就是说我们越相信对方能够成为什么样子，对方就越可能朝着我们相信的样子发展。

但是高期待的背后一定需要有高信任，如果没有这份信任，期待与要求就会变成指责和挑剔，只会让关系和对方变得更糟。

所以，你一定要学会相信，相信对方能够变成更好的样子，然后尽量用正面反馈的方式来给予对方鼓励。

夸赞和欣赏对方其实是一种非常重要的能力，试想如果你对配偶持有一种敬佩之情，那在你与对方意见不一致的时候，就不太可能会讨厌他，所以说喜爱和赞美也是鄙视的解毒剂。

面对鄙视的伤害，如何进行情感修复？

最后，我想强调的是，如果遭遇“末日四骑士”，尤其是鄙视的伤害，是需要做情感修复工作的。修复的成功或失败与说服力无关，而与婚姻的状态有关，所以双方是否懂得包容和欣赏彼此非常重要。

在包容的前提下，聪明的夫妻双方都有自己的情感修复方法，比如吐舌头、做鬼脸、微笑或说对不起等，就算是一声恼怒的“嘿，别对我大喊大叫”或“你跑题了”都能缓和紧张局势。这些修复尝试能起到调解并使婚姻保持稳定的作用，因为它们阻止了“末日四骑士”前进的步伐。

戈特曼教授提到过一个例子，相信对大家会有一些启发。幸福的哈尔和朱迪夫妇是他的实验对象，哈尔是一个化学家，由于研究工作的性质，他经常不能按时回家吃饭。虽然朱迪知道哈尔不能控制自己的下班时间，但如果他没有回家，孩子们就不愿意吃饭，她对这种情况非常头疼。在爱情实验室中，朱迪就向哈尔指出了这个问题。在讨论的时候，哈尔建议朱迪在饭前先给孩子们吃些点心，朱迪不信，很生气地对哈尔说："这么简单的方法我不知道吗，你觉得我从始至终在做什么？"

哈尔意识到他并不足够了解家中的情况，而且这个建议听上去侮辱了妻子的智商。在不幸的婚姻中，这很容易引发一场唇枪舌剑。但是，哈尔只给了朱迪一个憨憨的微笑，朱迪忍不住笑了，然后他们继续讨论这个问题。所以，有时修复也没有那么困难，关键是要来得及时。

第19讲

性别差异管理

为什么你想求抱抱，他却秒变唐僧讲道理？

我有一对夫妻来访者，女方感情特别丰富，但是又不太喜欢直接表达，男方是比较典型的理工男，有点我们说的直男思维，所以两个人平时矛盾非常多。女方在公司里遇到一些不开心的事情，向男方倾诉，其实也不是指望她老公真能帮上什么忙，无非就是希望老公能够看到她的不容易，多安慰安慰她。但是男方完全不懂，总是给她分析她的思维有哪些不对的地方，然后给出一堆解决建议。这让她很抓狂，就开始耍性子，比如不说话或者显得不耐烦等。但男方也觉得很委屈，明明我一片好心帮你解决问题，你为什么不识好歹？双方因为这样的对抗，有时就开始打冷战，并且一冷战就是好几天。她觉得这样下去也不是办法，后面就拉着老公来向我求助，希望两个人之间能够建立更好的沟通相处模式。

这样的矛盾，其实是属于很典型的由男女思维差异导致的冲突，下面我也给大家总结了一些男女思维方式和沟通习惯的主要差异。

金星与火星：男女双方存在典型差异

1. 面对问题时的差异

总体来说，男人喜欢确立目标和解决实际问题。所以他们总愿意给女性提出“宝贵的建议”，而不知道其实对方在向自己抱怨时，只是想得到倾听和理解，而不需要就问题给予具体的答复。

而女人呢，主要在意关系。她们总愿意“帮助”男性解决一些问题，而不知道对于男性来说，独立解决问题是非常重要的。她们对男性的“帮助”反而会让男性很没有价值感和成就感。

另外，男性和女性在面对压力时的反应也截然不同。男性在遇到问题时，往往选择躲起来，专心研究问题的解决方案。一旦找到，他们很快就会恢复生气。如果找不到，他们很可能会继续冥思苦想，懒得理会外面的世界，也就是我们说的“洞穴”生物。

而女性刚好相反，她们遇到问题时，喜欢找人倾诉，在倾诉和被倾听中让自己的烦恼和焦虑得到缓解。但是，当男人沉浸在自己的世界中时女人如果找男人倾诉，男人就会很烦，或心不在焉，从而导致双方争吵，男人就会更加想逃避。

所以对女人来说，明白双方处理压力的不同机制，给予男方独处的时间，等他们平复情绪后再选择沟通，效果会好很多。

2. 语言和思维差异

男女双方的语言和思维差异也很大，而且在交往过程中很容易因为这些差异而误解对方。通常来说，女人很善于修辞，会用各种夸张、隐喻和戏剧性的表达方式来传递她们的感受。而男人往往比较简单直接，不会拐弯抹角，所以男人也很容易从字面上去理解女人说的话，把女人的夸张修辞当真，从而做出错误的反应。

对于男人来说，了解女人的思维和感知方式，学会倾听，并且通过不断的摸索和总结，听懂女人夸张修辞背后的言外之意，了解她们真实的情感需求，是有效沟通的前提。

电影《分手男女》中的男女主角经常因为一些小事争吵，并且不断升级，而产生冲突的主要原因正是男女思维差异。

电影里有这样一幕：男女主角因为晚餐后谁刷盘子的事情发生争吵，男方一直不明白他已经答应刷盘子了，为什么女方还是不高兴。女方因为忙了一天，做了一顿丰盛的晚餐，希望男方主动表达感激，结果男方不仅没有表达感激，还吃完饭后就开始打游戏，在女方一再催促下才开始洗盘子，所以女方很不高兴，男方也觉得很不解、很委屈。于是两个人从洗盘子又吵到了买花。

女：你知道我今天忙了一天，而且我还给你做了晚饭，你应该自己想到的，“我老婆好辛苦，我应该给她买点花！”

男：可是，我们第一次约会的时候，你就说过你不喜欢花，你说那简直就是浪费钱。（一脸无辜的表情）

女：拜托，每个女孩都喜欢花的！（女方一脸无奈）

男：你说过你不喜欢花的，我难道应该把那理解成你喜欢花？（男方觉得对方不可理喻）

女：不，这跟那无关，你根本就没明白……（女方非常懊恼地叹气和挠头）

这段对话清晰地反映了男女思维方式的差别。热恋时女方体谅男方的不容易，故意说自己不喜欢花，希望为男方省钱。但男方显然把女方的字面意思当真了，认为女方真的不喜欢花，从此再没有给对方买过花，也确实傻得可爱。但女方其实希望男方能够明白这份心意，男人面对女人的百转千回、口是心非，理解起来也确实很困难。

比如我前面提到的来访者，女方从来没有直面表达过自己的脆弱，更没有直接和男方表达过自己需要安慰、需要对方抱抱她，而更多的是抱怨工作中具体的烦恼。她老公是直男思维，自然很容易跳到帮对方寻找解决方案的思维模式。这种情况在男女沟通过程中很常见，我在从事亲密关系咨询工作以前也犯过这方面的错。以前 Emma 在工作中遇到了一个不太公允的上司，尽管 Emma 的工作一丝不苟、完成度很高，但是上司并没有给予相应的回馈和认可。Emma 觉得很不公平，有时就会和我抱怨上司。我的第一反应就是给她讲道理，开始分析她的好学生思维在职场是行不通的，不能指望领导主动看到你的成绩和付出，而应该学会主动汇报，会哭的孩子有奶吃，等等。我这边说得手舞足蹈、全情投入，却忽然发现 Emma 的脸色越来越难看，结果她来了句："你说得对！陈老师！不过我现在需要的不是老师，而是老公！"我忽然意识到我没有和她共情，所以马上道歉，并对她的状况表达了深刻的同情，慢慢才把她哄好。

如何应对男女性别差异产生的冲突？

1. 女人最需要被理解，男人最需要被接纳

很多时候，女人烦恼时，并不是要求男人帮她解决所有问题。但是，眼见她沮丧不已，男人可能会认为她是在要求自己解决问题，问题解决了，她的心情才能转好。因为，当男人被一个问题困扰时，只有问题解决了或是已经找到了正确的解决方案，他才

能如释重负，所以很容易误以为女方也是这样。

但其实女人并不要求立即提供解决方案，如果能被倾听和理解，她们就会感到很满足，因为只要女人的内心感受得到充分的表达，并被聆听和认可，她便会有一种令人难以置信的能力去接受烦恼和不幸。大多数男人不知道自己能够激发女人身上的这种能力。

我和妻子 Emma 就有这样的经历，她有时抱怨工作后会告诉我，其实她并不需要我告诉她究竟如何解决问题，因为她有能力解决这些问题。她只是需要有一个人能够用心倾听和理解她，明白她的烦恼，给她一个拥抱，告诉她一切都会好起来的，如果还能感激她的付出，那她的情绪很快就会平复。所以，后来我也学乖了，每当她回来和我唠叨工作上不愉快的事情时，我都会先给她一个拥抱，然后给她倒上一杯温水，听她慢慢讲，等她情绪平复得差不多了，再问她，那你需要我给你一点建议吗？这个时候往往她会很愉快地接受。如果她觉得已经明白如何解决了，也会很直接地说，不用了，你听我说就好，这个时候我就会乖乖闭嘴，两个人配合得反而相当不错。

而对男人来说，被接纳的需求尤为重要。当男人的所有行为被女人无条件接纳时，他便能自由地探索改善自身行为的方法。而当男人感受到被女人接纳时，他也更有动力与意愿去理解对方，从而形成良性循环。被接纳让男人感到自己足以令伴侣高兴和满意，有了这种自信心，他会更加乐意也能够给予她应得的尊重和理解。

比如我给妻子 Emma 做饭的时候，有时会因为写作忘了时间，等她到家时临时拼凑一些材料来做，Emma 也并不是很介意，反而夸我很有创意，我听了就会特别高兴，也愿意付出时间与耐心来倾听她在公司的各种八卦。

2. 男人付出关爱，女人给予信任

男人越懂得如何关爱女人，就越能令女人感到可以信赖；而女人越信任男人，就会让男人越发懂得关爱。许多时候，男人其实比女人想象中更愿意提供支持。但是，当女人的反应暗示男人不值得信赖，或者女人的表现让男人感到自己好像是她的敌人时，男人会本能地停止对女人的关爱，而女人也因此更加认定对方缺乏对自己的关心。

有时候，男人似乎是因过度疲劳而无法顾及伴侣的需要。其实，这种观点是错误的。他并不是太累，而是因为不懂得如何关爱，才显得疲惫。活力、创造力和能力都源于关爱。当男人开始给予女人更多的关爱，他便能在自己身上发现新的用之不竭的活力源泉。如果他缺乏关爱的态度，则很容易变得精疲力竭，失去努力的动机。

所以，视男人为英雄，他便精力充沛；若把他看作“恶棍”或“难题”，他就会停止付出关爱。当女人认为男人本身就是问题所在时，他就不可能解决问题，也不会积极提供支持。当女人懂得信任男人，给他回旋的余地，而不是妄下结论时，她们会发现男人变得更有爱心，深具支持性。

就像我前面提到的那对夫妻来访者，我提醒男方如何主动去关爱对方，通过一些仪式感，比如拥抱、送花等，来让女方体会到被关爱的感觉。在女方情绪不好的时候，先学会倾听，再去表达自己的观点。而女方则需要更加信任男方，学会袒露自己的脆弱面，直接表达自己的需要，这样男方才能更好地回应她的需求。尤其是训练女方学会运用简明对话的方式来表达情绪和需要，而男方学会用积极倾听的方式来回应女方的情绪后，两个人的关系有了根本性的改善，双方因为思维方式差异而产生的冲突也越来越少。

所以，我们需要通过学习和实践，不断了解男女之间的差异，从而找到适合彼此的沟通与相处模式，这就是“磨合”的精髓。

第20讲

影响力管理

被说花钱大手大脚，关系中的金钱观该怎么调和？

调节金钱观和消费观，需要好的影响力

我在是否需要婚前同居的那一讲里面提到过通过同居的磨合来确定双方三观是否一致的重要性，三观中很重要的一项就是金钱观。实际上，正如我们前面提到的男女性别差异的普遍性一样，金钱观和消费观完全一致的夫妻并不多见。据统计，美国离婚的夫妻中，七成以上都是因为钱的问题。

在我的咨询工作当中，也有很多夫妻存在因金钱观无法调和而引起冲突的情况。比如有一对夫妻来访者，女方嫌老公经常抽

烟喝酒，经常和朋友一起应酬打牌，日常花销很大。在孩子出生后，因房贷、请保姆等各种消费导致经济压力变大，但老公还是不知节省，抽烟喝酒应酬一样不落。而女方本来就是一个比较精打细算的人，有了孩子以后更是恨不得把每分钱都掰成两半花，所以她越来越看不得男方的大手大脚。而男方则认为最重要的事情是开源，而不是节流，他交际就是为了挣更多的钱。双方都觉得自己没错，他们因为这些分歧没少吵架，极大地伤害了感情。

这种因金钱观的差异导致的矛盾，其实无所谓对错，因为每个人都有自己习惯的消费方式，只是两个人一起过日子，有时确实需要为对方做出一些妥协和改变。

那如何才能让这种改变能够自然而然地发生，而不让对方产生被逼迫的感觉呢？

这里我和大家分享一个实用管理学的工具——影响力管理。有“影响力教父”之称的著名社会心理学家罗伯特·西奥迪尼，通过大量的研究表明，跟传统的凭借权力发号施令相比，影响力管理才是更高效的管理方式。他在《影响力》一书中讲到了六大原理，其中喜好原理在亲密关系影响力的管理上同样有效。

戈特曼教授也曾总结说，维持一段幸福婚姻最大的秘诀就是喜爱和欣赏，因为彼此的喜爱和欣赏，我们会很愿意去接受对方的影响，从而做出妥协与让步，彼此变得更包容，双方也能相处得更加和谐。

戈特曼在他的爱情实验研究中发现，多年来维持幸福婚姻的夫妻，都能够做到彼此喜欢，从小缺点到所有的一切，因为他们喜爱与赞美的系统很强大。这些老年夫妇大多结婚很多年了，有一些甚至超过了40年，而实验团队在为他们安排的婚姻之旅中，发现他们会把配偶的缺点和怪癖，看作配偶整个性格及特征中很有趣的一部分。

例如，一位妻子笑着接受她的丈夫总是迟到，总是着急忙慌。并且针对这一点，妻子找到了一些应对方法，比如每次他们要去机场的时候，她告诉丈夫的起飞时间总是比实际时间早半个小时，丈夫知道她在骗自己，但他们都只会对此付诸一笑。同时，这位丈夫也会带着娱乐的心情看待妻子每周一次的疯狂采购。在生活的方方面面，他们都能很好地去给彼此积极的影响，也愿意接受对方的影响，在这种积极影响力的提升过程中很好地理解与包容彼此。

求同存异，更好地影响对方的消费习惯

在一段亲密关系中我们怎么做，才能更好地影响对方呢？其实影响对方不是让他事事听你的，或者是按照你的要求来，相反，如果你在两个人的相处过程中，懂得求同存异，尽量找到对方观点中的合理部分，并加以肯定，事情的结果反而能出乎你意料的顺利。

所以，在大多数情况下，让一方接受伴侣影响的关键是，首先要让他觉得你不是在指责，而是愿意和他探讨问题，并且能够理解他观点的合理性。

比如说我们前面提到的案例，如果女方能够看到男方消费中的合理因素，那么可能男方会更愿意和她深入探讨改变的方法。通过咨询我了解到，男方工作性质属于跑业务，需要大量的应酬来开拓市场，所以交际应酬是少不了的，而应酬中烟酒是常事。他买好烟好酒主要也不是为了自己享受，而是为了能够跟客户分享，加深感情，开拓业务。只是喝着抽着自己也上瘾，就有点戒不掉了。女方需要看到男方消费中合理的部分，有些应酬是为了开拓业务，挣钱养家。

所以，妻子如果聪明的话，可以这样说："我也觉得开拓业务和挣钱养家是一件非常重要的事，也非常感谢你为此付出的努力，不过我确实有点担心你的身体，希望你能够照顾好自己。而且针对目前的经济状况，在开源的同时，我们如果能节流就更好了。所以，我想我们一起来规划一下，有哪些不必要的开销是还可以压缩的，你看好不好？"

我相信这样的对话，更能让对方愿意参与进来讨论，并最终实现改变的可能性。

除此以外，在金钱观的调和上，夫妻双方还可以做好以下的工作：

1. 了解夫妻双方的金钱人格，懂得互相尊重

美国著名的“金钱伉俪”帕尔默夫妇，通过很多研究发现，每个人考虑和处理金钱的方式都是独一无二的。他们在《谈钱不伤感情》（*The 5 Money Personalities*）中总结归纳了五种金钱人格：省钱王，消费狂，冒险家，求稳者，随性者。这五种金钱人格，对待金钱问题主要有以下特征：

第一种：省钱王。这种人有本能的省钱冲动，最喜欢说的话就是“能省则省”。

如果花较少的钱能买到他们想要的东西，他们会觉得非常骄傲。省钱王在财务方面很有条理，如果他有一笔钱是准备供孩子上大学用的，那绝对不会拿这笔钱去旅游。这种人很少会冲动性消费，任何一笔支出都经过精打细算，而且非常讨厌欠债，甚至连信用卡都不爱用。

第二种：消费狂。他们也不一定多有钱，但喜欢花钱，最喜欢说“买！买！买！”。

在他们看来，花钱是一种乐趣，今朝有酒今朝醉，每次购物都会让他们无比兴奋，也喜欢给别人买东西，帮人付账，送人礼物，吃饭抢单，这些事都能让他们感到无比快乐，“双 11”的时候，很可能就是我们口中的剁手族。他们的消费主张就是三个字：买买买。

第三种：冒险家。对冒险家来说，消费主要是追求新鲜刺激。

比如新科技产品出来了，他会第一个去买，旅行的时候更愿意选择沙漠、冰川等需要冒险精神的地方。他们喜欢大手笔的投资，最看重的是投钱那一刻的兴奋，不关注回报。他们不太在意细节，只要听到一点消息就会行动起来，完全靠直觉。对他们来说，没有什么想法是过分的，也没有什么风险是不可承担的，只要能够满足他们的冒险欲望。

第四种：求稳者。他们追求的是稳定、安全、钱花得明智。

花钱之前爱做研究、做调查，他们不追求最低价格，但看中性价比或者是投资的稳妥性。比如说他们要买房，不光看房价、户型、物业，方方面面都要兼顾。他们喜欢秩序感和可预测性。

第五种：随性者。他们对金钱的态度比较随意，不管有钱没钱，都不焦虑。

他们对金钱没有感情，也不做规划，花不花钱全凭感觉。他们觉得在金钱上浪费精力和时间真的是得不偿失。他们做一个决定的时候，钱根本不是影响决策的因素。如果有人帮他管理财务问题，他会特别高兴。

根据上面五种金钱人格的主要特征，你可以评估一下自己和伴侣各属于哪种金钱人格。这五种金钱人格与我们的成长环境和过去的经历有关，不涉及价值判断，所以不要抱怨和指责对方的金钱人格，企图改变对方，让对方与你持有一样的金钱观。了解是为了接纳，接纳是为了尊重，唯有互相尊重对方的金钱人格，夫妻俩在花钱和谈钱的时候才会考虑到对方的感受。

比如上文案例中提到的妻子其实是省钱人格，而丈夫是消费人格。那女方可以化被动为主动，提前告诉男方自己的预算——“老公，这个月经济有点紧张，给你500块做烟酒方面的开销，好吗?”一般来说，这时候老公都会遵从你们之间的花销预算，而且你主动让对方花钱，也是表达尊重和喜爱的一种方式。

2. 做好清晰的财政预算，打造消费共同体

前文介绍过财产管理的问题，婚姻是一个经济共同体，婚内的各种开支都是需要夫妻俩共同处理的财务问题。如果一方想随心所欲地花钱，不顾及对方的意愿，或者一方限制另一方花钱，都是违反“团队”原则的做法。

夫妻之间存在各种各样的财务分歧时，可以静下心来，坐在一起，制定一个新的预算系统。而且在提出某个计划之前，先向对方表达你的担忧、需求和愿望。注意，预算的达成不是以牺牲任何一方为代价，否则只会积累怨气，让问题变得更加复杂。

清醒的财政预算是有必要的。下面是一些简单的措施，你可以用它去处理你想要花多少钱和你想在什么东西上花钱这类问题。

第1步，列出开销。

记录你一个月、半年或一年内花了多少钱，详细记录家庭的消费状况，可以参照前面提到的记录方法。

第 2 步，管理开支。

（1）从上面的清单中，写下每一笔你认为能让你感到快乐和幸福的必需开销。

（2）仔细检查你的收入和财产，试着创建一份预算，这个预算能根据你的收入，让你管理每天的财务和其他“必须”支出。

（3）互相讨论你们各自的清单和计划，在其中寻找共同点，拟定一个满足双方“必不可少”的需求的方案。这也是提升影响力的关键。

第 3 步，规划未来。

（1）列出你的长期财务目标，把你最想要的和最害怕的东西考虑进去。例如，你的目标是送孩子出国上学，以后能够出国旅游度假，拥有充裕的退休金等。

（2）彼此分享各自的理财目标，寻找你们的相似之处，讨论你们的看法。

（3）想出一个能帮助你们实现目标的长远的理财计划，为了确保你们仍然意见一致，要经常修订这个计划（一年一次）。

当夫妻之间存在各种各样的经济分歧时，按照这些步骤去做，就可以想出有效的解决办法。解决问题的关键是，无论你们在财务问题上的分歧是什么，身为团队中的一员，你们都要缓和彼此间的紧张感，想出一个双方都能接受的方案，即使这个方案不能立刻满足你的需要。通过这种方式，男方意识到他还是需要节流，至少在目前这个阶段，他们遭受到了巨大的经济压力，而如果他的身体出现问题，可能整个家庭都会崩溃。而女方则意识到了要相信和感激对方为家庭开源做出的努力，通过温和而坚定的方式来影响对方。双方一旦意识到他们的目标是一致的，很多的矛盾也迎刃而解。

第21讲

代际沟通

婆媳矛盾，有法可解

两代人的观念冲突，亲密关系管理中的重要问题

有一次一个来访者问了我一个问题，结婚到底是两个人的事情，还是两个家庭的事情？问我这个问题的是男方，家里婆媳矛盾激化让他很头疼，主要原因在于两代人因为孩子的教育问题分歧很大。他的孩子 3 岁，老婆想训练孩子养成良好习惯，比如孩子看动画片没有节制，老婆规定每次只看一个小时。但是规定的一个小时过去了，儿子还是哭闹着要看，老婆正在和孩子共情，引导孩子接受这个规则，结果婆婆来了句："不就是看个动画片

吗？有必要让孩子这么难受吗？”孩子一听有人给他撑腰，哭得更凶了，老婆的权威瞬间瓦解。老婆很生气，和婆婆冷战了好几天，他夹在中间特别难受。

除了教育分歧，婆媳俩还经常因为穿衣多少、要不要给孩子喂饭等很琐碎的问题发生争吵。他发现两代人因为观念不同，很难互相说服，但是带孩子又确实离不开上一辈的帮忙，于是一起来咨询，寻求方法解决代际沟通的问题。

代际沟通的问题确实是亲密关系管理中很重要的一个部分，尤其在我们中国。我在北京当法官期间，处理的很多离婚案件就是因为夫妻俩有了小孩以后，把双方父母接过来带孩子，但是发现很多理念不一致，又缺少冲突管理的经验，结果打得不可开交，双方撕破脸，日子也过不下去了。

在这些年轻夫妇看来，父母好像是专门来和他们作对的，明明观念已经很陈旧了，并且家里也有很多科学育儿的书，但他们就是不看，甚至还振振有词地说：“当年我们就是这样把你们带大的，不是好好的吗？”这种冲突在婆媳关系中尤其明显，毕竟婆媳双方没有血缘关系，一旦撕破脸就很容易形成难以消除的隔阂，这种隔阂也一定会影响到夫妻关系，甚至连孩子也会被卷进来，成为一场无休无止的战争。

这就是为什么这么多现代女性羡慕可以只过二人世界，过年都各回各家的原因吧。但是这种方式毕竟太过个人化，我估计很多朋友做不到，也不想这样，因为中国人的传统观念中还是很强调家庭的和睦与孝道的。但是，在两代人的长期相处过程中，建立边界感和分寸感还是很重要的。

代际问题，有法可解

针对两代人之间观念冲突的解决之道，我想给大家几个大方向上的建议。

1. 明确边界，权责清晰

两代人之所以容易处成相爱相杀的局面，很大程度上源于边界不清。比如现在很多年轻人买房的首付款都是双方父母倾囊相助，生了孩子以后也要靠父母带孩子，在这样的情况下，想说服父母接受自己的观念确实有点底气不足，就更别说要求双方父母尊重自己，想只过二人世界，需要收入和独立能力做支撑才能自由选择，当然，夫妻之间及两代人之间的默契与相互尊重也是促成这种独特相处模式的原因。

我和妻子 Emma 也是这样，当初没有选择要求父母给我们买房，经济上也非常独立。我更是从 18 岁以后就基本没有花过家里的钱，我们也会明确和父母说明自己的边界。所以父母尽管本身很传统，但是从来没有过度干涉我们的生活，不管我们出国，还是要不要小孩的决定，父母都很尊重。这对我的父母来说其实非常难得，因为我父亲对我几个姐姐的生活干涉还是比较多的，但在我这边却很有边界感，很尊重我们。所以，边界的划定真的和自己是否足够独立以及是否有足够清晰的价值观有很大关系。

可是如果确实没有办法脱离父母的帮助和影响，那么至少在教育孩子的问题上，你们要跟父母确定，你们夫妻双方才是管教孩子的第一责任人。

很多年轻人生完孩子后就成了甩手掌柜，全靠双方父母带孩子，又嫌父母一辈的育儿理念陈旧，那真有点说不过去了。所以，明确自己是孩子的第一养育人，父母是辅助角色，对于哪些事情需要老人帮忙，哪些事情必须自己来，最好一开始就确定大致范围。刚开始老人可能有点不习惯，但坚持下来就能形成清晰的边界，反而有利于家庭的和谐。

这个边界最好能够用家规的形式确定下来，在确定之前可以先和老人讨论，征求老人意见，然后通过家庭会议的形式来确定执行方式。在实施过程中，夫妻二人首先要有严格的执行意识，如果老人的执行情况不理想，对他们尽量不要用惩罚的手段，而要用奖励。慢慢地，老人知道你的家规不是针对他们，也会逐渐接受。毕竟清晰的规则谁都愿意执行，只是要让规则有温度而已。

2. 懂得感恩，真诚以待

对于老人帮忙带孩子的行为，年轻父母一定要心怀感恩，毕竟这不是个轻松的活儿，老人因为见识的差距确实可能有些观念落伍，但这绝不是挑剔或者指责老人的理由，毕竟老人是在用心帮你带孩子。所以，随时肯定老人的付出，看到老人做得好的方面随时鼓励，并且花点钱让老人参加一些育儿课程，花点时间陪老人一起体验育儿和娱乐活动，这些投入是你们应该做的，要让老人觉得为你的付出很值得。

我有个朋友在这个问题上就处理得非常好，尽管和比较强势的公婆同住一个屋檐下，但双方相处得很愉快。而她就是在以下几个方面处理得非常到位：

在对待公婆的态度上，她始终把握两个原则。一是始终做到尊重。这里的尊重是指如领导般的尊重。她一直强调，不能把婆婆当亲妈，随意甚至放肆地对待，而是要把婆婆当领导，要恭敬有加。二是真正关心公婆，对公婆的健康与喜好很上心。比如她婆婆平时会犯风湿性关节炎，不能走远路，她到日本旅游时就会给婆婆带一副很好的护膝。她公公耳背，她会带着公公去配助听器。过年过节她也会给公婆准备礼物。公婆刚开始还会推辞，后面也习惯了，了解了儿媳的为人，在她怀上二胎时，完全是尽心尽力地在照顾。

她还告诉自己做好 60 分妈妈就行，和公婆相处，在育儿理念上有一些矛盾是在所难免的，要接纳。比如她公婆特别心疼孙子，儿子参与冒险的体验很少，在幼儿园里都不敢滑滑梯。但她并没有因为这个问题对公婆有抱怨，因为公婆能够尽心尽力带孩子她已经很感激了。至于孩子的这个问题，她有时间和耐心来慢慢影响孩子，这是孩子成长本身就需要修的功课，无须焦灼。

这是真正的内心自由，接纳自己的不完美，也接纳孩子的不完美，在不断解决问题的过程中变得更强大，所以她收获了与公婆一家其乐融融的三世同堂的生活。

3. 注意语气，把握时机

和老人沟通，语气如何比内容正确与否要重要得多。根据心理学的研究，人在交流时候的印象，内容的影响只占 7%，余下的 93% 是由说话的语气、表情和肢体动作决定的。

所以和老人沟通时，要始终提醒自己注意语气。

一是尽量用“请、谢谢、好吗?”等礼貌用语，用询问与商量的语气给予老人尊重。

二是要积极倾听。要能够听懂父母的弦外之音，理解父母唠叨背后的需要，按照我在积极倾听中提到的技巧对父母的感受进行确认，对其需求给予有效的反馈。

三是要简明对话。简明对话对于和父母的沟通太重要了，尤其是对比较注重权威和敏感的老人，尽量用“我怎样”来代替“你怎样”，避免评价与指责，学会温和而坚定地说明自己的感受和需要，确认对方的感受与需要。

除了语气，和老人沟通的时机也很重要，我在前面提到“先讲情，后讲理”，和老人的沟通更要注意这个问题。

我们的父母辈接受的还是非常传统的孝道教育，他们很少能正面表达情感，对于子女也是全身心付出，但付出的背后其实是期待子女的感激和认可的。所以，老一辈的内心比我们想象的要脆弱，如果我们说话不注意时机，很可能不经意间就会触动他们敏感的神经。

我专门讲过“窄化效应”的应对，和老人沟通时也要注意这个问题，因为当他们处于情绪激动状态时，你的观点再正确再科学，他们也无法真正接受，他们觉得自己受到了攻击，觉得你不够尊重他们。这个时候，做子女的一定要注意冷静下来，等他们情绪平复了再温和地和老人沟通，效果会更好。

尤其是针对敏感的婆媳关系，更不要因为被情绪淹没而撕破脸，因为撕破脸再挽回就非常难了，更需要注意谈话的时机和语气。

4. 先说优点，再谈问题

很多老人其实越活越像孩子，需要被哄着、被肯定。如果要指出老人的问题，我推荐一个心理学上非常有用的沟通方法——“三明治”沟通法。

所谓“三明治”沟通法，是指先说优点（表扬），再谈问题（建议部分），最后再回到表扬肯定。具体来说，就是把谈话分成三个部分：先给一个正面的评语，中间夹一个不那么入耳，不过对对方有帮助的建议或内容，最后再以一个正面的、鼓励性的结尾，不让对方难受。大多时候，“三明治”理论能让人听得进你的建议、评价或看法。

每个人的内心都有追求快乐、逃避痛苦的情绪倾向，每个人都喜欢得到赞美和肯定，害怕被人批评，尤其是爱面子的老一辈。因此在给他们好的建议时，要先去赞美对方的优点，再给他一些建议，最后再送上对他的期许。如此一来，人在接受别人给他的意见时，面子比较挂得住，心里感受到尊重，对建议的接受度也会比较高。具体到我前面提到的案例，其实女方可以这样对婆婆说：

先说优点——“妈，您一直尽心尽力，对小朋友照顾得无微不至，我们真的特别感激您。尤其是我，本来因为孩子和工作要两头照顾，累得不行，您来了以后，我真的轻松了不少，每天回家也有热饭吃，现在状态好了很多，我都经常和老公说，妈真是给我们帮大忙了!”

再说问题——“不过呢，对于孩子的教育问题，因为我们一直在听 ××× 育儿专家的课程，她的孩子上了清华，并且各方面习惯都特别好，她特别强调我们年轻人不要偷懒，一定要做孩子教养的第一责任人，就是让我们负起责来，这样以后在帮助孩子培养好的习惯的时候才能真正树立权威。”

最后表扬肯定——“我和老公都非常欣赏她的教育理念，也特别希望把儿子培养成栋梁之材，为我们家争光，所以有机会您和我们一起去听听她的培训课程，我觉得对于我们在培养孩子理念的一致性上肯定会特别有帮助，我也很愿意和您齐心协力把孩子的习惯真正培养好。妈，您看如何？”

这对夫妇经过几次咨询，学以致用，在跟老人的沟通中注意用对方式方法，特别是尝试用“三明治”沟通法，和老一辈的沟通效果非常不错，真正开始体会到三代人其乐融融相处的感觉。

第22讲

三角关系

老公总替婆婆说话怎么办?

特殊的“第三者”——婆婆

上文我们解析了如何与上一代有效沟通的问题，有朋友可能会问：陈老师，你说的方法都很实用。但是有一个前提，需要我老公和我形成统一战线才行，如果他明显偏向我婆婆，反而把我当外人，导致我们夫妻矛盾不断，这样的情况应该怎么应对?

说实话，这样的情况在我的咨询案例中还真不少见。很多女性来访者对于老公的“妈宝”行为深恶痛绝，感觉和老公的关系中老是横着一个婆婆，老公对婆婆言听计从，对于婆婆的不当之处视而不见，让她们气不打一处来。当初是因为老公比较老实孝顺而选择了他，但是后来发现自己好像成了第三者，婆婆才是老公的真爱，这让她们非常苦恼。我有这样一个女性来访者，公公当年比较强势，对婆婆并不好，而且有外遇，让婆婆受了很多委屈。所以婆婆把儿子当成了情感支柱，什么都和儿子商量。而她老公也觉得自己必须呵护好妈妈，非常孝顺，甚至到了言听计从的程度。现在婆婆过来一起住，她感觉自己更像外人，老公把温柔全部给了婆婆，让她羡慕嫉妒恨。而婆婆完全没有边界感，经常把老公当孩子一样宠着，比如老公喝酒回来很晚，婆婆一定不会说他。她埋怨几句，婆婆反而说她不心疼老公，更是让她觉得自己成了外人。

这种情况就是典型的中国式的婆媳关系，从心理学的角度来说，其实更像一种三角关系，这个破解的难度还是挺大的。传统的中国家庭很多是失衡的，亲子关系是核心，夫妻关系是配角，在这种模式下，母子关系几乎必然重于夫妻关系。也就是说，对于妈妈而言，儿子是她最重要的情感寄托，丈夫最多排在第二位。这样一来，儿子一旦结婚，就意味着做妈妈的将失去自己最重要的情感寄托，这种巨大的丧失恐怕没谁愿意接受，带着这份恐惧的心情，婆婆很容易和儿媳展开一场争夺战。

而更糟糕的是，在这样的三角关系中，被争夺的男主角往往是缺席的，因为他没有办法反抗妈妈，会觉得对不起妈妈，但是也没有办法正视老婆的期待，所以很多情况下，老婆和妈妈发生冲突时，他会选择逃避。正如我这位来访者的老公，觉得只要自己走了，老婆和妈妈的矛盾就会慢慢消解，却不知道，因为他的缺席，老婆变得越来越绝望，在婚姻里也越来越容易情绪失控，变得歇斯底里。

其实这里面的老公就是我们俗称的“妈宝男”，缺乏力量感，也缺乏真正的担当，和母亲还没有完成真正的“断奶”过程，结果把夫妻关系生生地演变成一场“三角恋”。

如果来访者在婚前遇到“妈宝男”，可能我的咨询建议是三思而后行，需要充分了解自己的承受能力与可能遭遇的困难。但是面对婚后已经形成的三角关系局面，可能更需要做的是弄清楚导致这种局面的原因，然后对症下药，尽量维持在可控的平衡局面中。

那么，比较有中国特色的妈宝现象是怎么形成的呢？

根据我的咨询经验，产生妈宝的家庭关系往往是：有一个疏离或者冷漠型的父亲，焦虑或者控制型的母亲，再加一个依赖或者缠结型的孩子，如果是男孩，很有可能成为妈宝男。

总体而言，在“父亲缺位，母亲控制”的家庭中，父亲责任感淡漠，或者参与度很低，而母亲只好把对丈夫的感情全部转移到孩子身上，尤其是男孩，男孩就被迫接任“情人”的角色。我这位来访者老公的家庭，就属于这类情况，父亲缺位，儿子顶上，并且儿子过度参与了父母的情感纠葛，觉得父亲对母亲不够好，他要补偿母亲，所以即使自己走进婚姻，还认为母亲是自己心中占据第一位的亲人，最需要他的保护。

还有就是丧偶或者离异的寡母家庭。母亲在这样的家庭中需要非常坚强，又当爹又当妈，儿子是她努力的最大动力源泉，也是她的精神支柱。演员朱雨辰就属于这种，母亲为他付出太多，尽管他被母亲控制得很痛苦，也尝试摆脱，甚至还有过自杀的尝试，但终究还是没有办法面对内心的愧疚感，选择了顺从和屈服。

很多母亲在生活方面无微不至地照顾儿子，让他们丧失了生活的自理能力，儿子也习惯了被照顾，而当老婆没有老妈精心体贴时，很容易成为不够爱他的证据，这本质上其实是对母亲生活上的依赖。

在情感方面，妈宝男因为“妈是为我好”和“我不能让妈失望”的魔咒入耳入心，大事小事都喜欢听取妈妈的意见，尤其择偶育儿这样的人生大事，情感上很难断奶。

所以，嫁了这类妈宝男的女性，随时处在和婆婆竞争的氛围中，老公很多时候不把她当成需要平等尊重的妻子，而是当成了另一个妈。

那妈宝男是不是真的一无是处？嫁给妈宝男究竟有哪些利弊呢？

作为亲密关系咨询师，我从来不会简单地用贴标签的方式告诉大家应该如何选择，因为他之蜜糖、我之砒霜，每个人的需要是不一样的。我们需要做的是，权衡利弊和代价，做出不让自己后悔的选择。我来综合梳理一下嫁给妈宝男的利与弊，让你明白自己选择背后需要承受的代价。相对优秀的妈宝男让很多女性又爱又恨，其实他们的性格还是有以下几点主要优势的：

1. 性格温和，攻击性不强

很多女性选择妈宝男的最初理由就是温柔、贴心，没有大男子主义，比较依赖自己，觉得好掌控。这些东西归根到底就是安全感，不过这个安全感是以雄性力量被阉割作为代价的。

比如我这位来访者的老公，当时就是喜欢来访者比较要强上进的性格而选择了她，恋爱期间对她言听计从，照顾也是无微不至，让她真正体验到了安全感和被精心呵护的感觉。

2. 听话孝顺，不良嗜好少

妈宝男一般都比较听话，尽管可能最爱听的还是妈妈的话，不过也不敢完全不把老婆的话当回事，除非你在对方心目中真的太没有分量了。

孝顺当然是没得说了，妈宝男年轻的时候不怎么叛逆，结婚之前被妈妈训练得工资按月上交，也不会和社会不良青年整天混到一起，每天按时回家，一般生活都比较健康规律，不良嗜好也少很多。

3. 聪明上进，渴望被认可

总体来说，男孩的智商遗传自母亲，所以一个精明强干、掌控力很强的女人，她的儿子聪明的概率也是比较大的。正如我前面分析的，如果男孩和母亲的关系比较密切，那共情能力也是比较强的，这些特质可能在最初接触的时候，都会构成对女性的吸引力。

但是，和妈宝男相处的弊端也是非常明显的，主要有以下几点：

1. 独立意识弱，个人空间小

妈宝男最大的问题可能就是没有主见，尤其在面对母亲的要求时，很难拒绝。所以如果你选择了他，那就需要做好在婆婆无微不至和无孔不入的全方位干涉下生活的准备，除非婆婆非常有智慧，懂得分寸、留足空间，不然你们之间出现婆媳关系问题的可能性很大。

2. 婆婆伸手长，上演争夺战

很多婆媳关系问题说到底还是三角恋的问题，两个女人在争夺一个男人。并且因为妈宝男的特点，你需要面对的是直接来自婆婆的挑战。如果妈宝男和母亲过度亲密，注定从一开始你就是被动的，那你不仅不能指望对方来理解你的痛苦，为你提供保护，反而需要去理解他的不容易，然后用策略一步步争取到他。所以，没有一点亲密关系管理情商，确实很难经营好这样的婚姻。

不一样的三角关系如何破解？

如何才能扬长避短，破解这样的三角关系的困局呢？

根据我的经验，需要把握以下几个方面的大原则：

1. 夫妻关系是第一位的

在我的工作坊和文章中，都反复强调一个观点，在一个健康有活力的家庭中，夫妻关系一定是第一位的，良好的夫妻关系才是家庭真正的定海神针。

就像我前面提到的这位来访者，通过引导，她老公也参与到了咨询中，但他刚来的时候明显有抵触情绪，认为他老婆让着他妈妈一点就好。

他甚至问我："陈老师，有什么办法可以改善她们两个人的关系？"

"改善她们两个人的关系，而不是你们三个人的关系？"我反问他。

他又问："你的意思是我们三个人的关系出了问题，而不是她们两个？"

我解释说："对！绝大多数婆媳关系的核心不是婆媳关系，而是那个被夹在中间的儿子和丈夫。那个被夹在中间的人，总想着要么妻子对老人家敬一些，要么妈妈对妻子疼一些，然后问题就解决了。但他很少想，解决问题的关键就在他自己身上。要想很好地处理婆媳关系，这个人必须承担起责任来，努力去协调这个三角关系。比如尽量减少婆媳之间发生摩擦的机会，并且什么话该传、什么话不该传，以及积极承担责任的态度都很重要。"

他点头道:“陈老师，我确实在这个过程中有点儿束手无策，有时我妈妈和我念叨我老婆做得不到位的地方，我是一片好心告诉我老婆，希望她注意一下，结果反而事情越闹越大。看来这种时候，我应该去影响我妈妈，而不是想着去改变我老婆，对吗?”

我肯定他道:“你能意识到这点非常好！并且，没有灵丹妙药，也没有那种一说就通的绝招，你必须真正去理解你在其中扮演的角色，用头脑和智慧去解决这个难题。”

通过慢慢引导，他终于开始明白这层三角关系，也明白在他的原生家庭中，他的父母是最重要的，他们最有发言权，但在他的新家庭里，他和妻子才是最重要的，他的父母不该有太多的发言权。他开始不再让母亲在他的新家庭里为所欲为，对如何教育孩子、装修房子等事情，他开始更多地和妻子好好协商，妻子对家庭的满意度也有了明显提升。

2. 在经济上真正独立，在物理上保持距离

对于问题比较严重的妈宝男，比如婆婆缺乏边界感，希望把儿子照顾得无微不至，我的建议是尽量不要住在一起，至少不要长时间住在一个屋檐下。

很多日常生活细节的矛盾很容易累积成创伤事件，而如果老公情商不高，不能有效处理矛盾，那至少在空间上保持距离，矛盾就会少很多。并且，对于婆婆控制欲比较强的家庭，我建议年轻夫妇尽量在经济上独立，不要给对方能够堂而皇之来干涉你们生活的把柄，宁肯两个人生活紧巴一点儿，也一定要争取独立的话语权。

3. 放下立场，拥抱需要

关于立场与需要的区分问题，前文也提到过，在对待这样的三角关系上，更需要记住“放下立场，拥抱需要”这个八字真言。

对于女性，如果处在妈宝男和厉害婆婆的三角关系中，一定不要过度情绪化，掌握简明对话的沟通技巧，能够让妈宝男真正在你这里获得理解与认可，因为他内心深处还是想逃离母亲密不透风的爱的，这是男性的本能，只是曾经太多的失败尝试让他丧失了信心，或者内心的恐惧与愧疚感阻碍了他去行动。你可以唤醒他的这种力量，带领他一同成长，让他真正意识到夫妻之间的亲密关系永远是第一位的，你们可以拥有更好、更健康的亲密关系。

所以你时刻要提醒自己，你真正的挑战不是婆婆，而是你与老公的关系，这个男人值不值得你真正付出和努力去经营这段关系。只要你们两个能够一条心，其实你的婆婆是无法真正攻进来的。所以，在这个过程中，一定要鼓励老公承担其责任，懂得示弱，告诉对方你理解老公对婆婆的爱，不过也需要对方站出来保护你，希望他能够让你们不要直面冲突和矛盾。但同时也要学会坚定，让对方知道，如果他一味偏袒婆婆，你可能会选择离开，让对方知道你的底线在哪里。

而对于男方，除了需要明白夫妻关系才是家庭关系中第一位的这个道理之外，也需要理解妻子的抱怨，并不是让你不去尽孝道，只是希望你能看到她为你承受的委屈，说一声“老婆，委屈你了，感谢你的付出，以后我一定会好好补偿你的”。她很可能就会非常感动，因为她知道自己的付出是值得的。

第三部分

亲密关系中的情绪管理

第23讲

情绪 ABC 管理法

总是因为一点小事忍不住生气怎么办？

情绪管理，决定我们如何与伴侣相处

婚姻大师克里斯托弗·孟指出，亲密关系说到底其实是一个人的事情，我们如何处理好自己的情绪、如何与自己相处，决定了我们在关系中如何与伴侣相处。所以，管理好自己，尤其是有效地管理好自己的情绪，才是亲密关系和谐的内因，是我们需要用一生来修行的功课。

但是在亲密关系中，我们的情绪是最容易起伏不定的，因为关心则乱。很多情侣吵架，其实都是为了一些鸡毛蒜皮的小事，

但就是气得不行，完全被情绪淹没，甚至会说出分手这样的狠话。我就有这样一个女性来访者。外在条件十分优秀，名校毕业，形象气质俱佳，工作也不错。在一般的人际交往中，能比较理性地控制和化解自己的情绪，但在亲密关系中，“玻璃心”现象十分严重，随便一件不顺心的小事就能让她抓狂。比如，对方如果回信息晚了，她就会想对方是不是不在乎她了，是不是烦她了，为什么以前回信息那么快，现在却有些迟缓。接着她又会开始回想这段时间两个人是不是还有其他问题，比如上次吃饭的时候，她说对方吃相很难看，是不是让对方不高兴了，或者是她上次暗示自己年龄也不小了，应该考虑结婚问题，把对方给吓跑了，又或者最近有点儿发胖，对方不喜欢自己了。反正就是脑洞大开，各种想象层出不穷。

我问她，那你为什么不直接发信息跟对方确认一下呢？她说不行。一旦发信息确认，而对方没有及时回复，她会更抓狂，有时会忍不住一遍遍地拨打对方电话，或者信息轰炸，前一段关系就是这么破裂的。而如果对方回复说在开会，她也根本不会相信，总觉得对方是在敷衍。除非对方能不断地道歉，并且说很多哄她开心的话，买礼物来赔罪，她才会稍微开心一点儿。

她也知道自己的心态有问题，但就是有些控制不住。有时在等对方回信息的煎熬过程中，她都有一种冲动，想直接提出分手算了，因为这种等待的感觉太难受了。她宁肯结束一段关系来恢复自己的确定感，也不想活在这种猜疑中。

ABC管理法，情绪管理有理可依

这里我给大家介绍一个非常实用的情绪管理工具——情绪ABC管理法。情绪ABC管理法是由美国著名心理学家阿尔伯特·艾利斯（Albert Ellis）提出的。他认为人的情绪和行为障碍不是由某一诱发性事件直接引起的，而是经受这一事件的个体对它不正确的认知和评价所引起的信念，导致在特定情景下出现不良的情绪和行为后果。

具体来说，我们一般都认为是诱发性事件A（比如亲人离世、爱人背叛、财产损失等）引起了情绪C（比如悲痛、抑郁、愤怒等），但实际上两者并没有直接联系，人们对诱发性事件A所持的信念、看法和解释B，才是导致C的直接原因。

比如同样是看到一堆黄黄的东西，不同的人可能会产生完全不同的感受。如果认为黄闪闪的东西是金子，那我们会喜笑颜开，十分高兴；如果认为是一坨便便，我们就会表现出失望和沮丧。为什么同样的一个东西，却有两种截然不同的情绪反应呢？这取决于我们对这样东西的认知，不同的认知带来了不同的情绪反应。

这个例子可能不太严肃，这里我再举两个咨询过程中遇到的实例，来帮助你理解，为什么不是事件引发了你的情绪，而是你的认知导致了你的情绪反应。

我有一位女性来访者，属于比较要强的类型。她欣赏强势的男人，认为男人就应该在外面积极打拼，夫贵妻荣。但她老公偏偏是那种性格比较安逸、只想过好小日子的人，所以她总为老公的“不思进取”发愁，想方设法鞭策老公进步，而这也成了他们经常吵架的导火索。我的另外一位来访者，老公最近竞争失败，对仕途有点儿灰心，也不再求上进，她反而感到很开心，因为她是一个小富即安的人，希望老公能够多陪陪自己和孩子，以前老公比较拼，经常应酬，回家很晚，让她很是担心，现在老公有了更多的时间来陪伴家人，她反而感到安心。

我们可以看到，同样都是老公不求上进，但是因为来访者的期待和需要不一样，反应就会不一样。不同的信念或者认知，会导致面对同样的事件产生完全不同的情绪和行为。所以，我们需要觉察自己的信念和看法，找出其中不合理的地方，与其辩论（disputing），最后达到修正不合理信念与实现理性情绪管理的效果（effect）。这就是完整的 ABCDE 理性疗法模型。

让我们用这个方法来分析我一开始提到的来访者的案例。她因为男友回信息不够积极这个诱发事件 A，感到焦虑、沮丧甚至恐慌（情绪 C），而导致这种情绪的信念 B 是她认为“一个人如果足够在乎我，那一定会在第一时间回信息”。我们仔细分析一下，这个信念是否合理呢？显然不合理！原因有以下两点：

第一，只要信念中涉及“一定”“必须”“应该”“不得不”等带有命令式的词语，我们就应该警惕，因为这些要求往往是偏执的，容易给自己或者他人过高的期待或者压力，最后很容易因无法达成而形成焦虑、沮丧和愤怒等各种负面情绪。

第二，对方没有及时回信息，只是因为不在乎自己吗？显然也不是。有太多原因了，比如说对方可能手机没有带在身边，或者调成静音没有及时查看，又或者可能有一个重要的谈话，不方便随时查看手机。所以，不在乎自己只是其中一种解释，在没有弄清楚对方未及时回复的真实原因之前，直接就推定对方不在乎自己是非常武断的，属于典型的“有罪推定”。

既然明白这种信念有明显不合理的地方，那是不是转变信念就可以了呢？理论上来说是的，但在实践中很难。就像这位来访者，她如此聪明，怎么会不明白自己无理取闹的地方呢？但就是控制不住自己的焦虑与恐惧。

其实这份焦虑还是来自她童年时期的阴影，因为她小时候几乎没有得到过父亲的认可与关爱。父亲和母亲感情不和，并且一直有重男轻女的观念，所以她小时候几乎没有被父亲抱过。后来父亲离家出走，给她的童年心灵撕开了一个大伤口。她潜意识里觉得男人其实都是不可靠的，她需要很多很多的爱，来不断地给自己不确定的内心盖上一个戳。但很遗憾，潜意识里的信念是“男人并不可靠，她很难得到不离不弃的爱”，她也一直在一段段感情中佐证自己的“信念”。这就是“心想事成”的魔咒。

所以，理性疗法是一条漫长的路，需要时时觉察自己的信念，用严密的逻辑辩证法去质疑自己不合理的想法，然后不断地修正和成长。这种疗法对于逻辑思辨能力与推理能力要求极高（很像律师和侦探的工作），深陷在非理性情绪旋涡中的人，往往很难做到客观理性地剖析自己。这也是为什么在西方发达国家，大家会对接受心理咨询或者情感咨询习以为常，因为深层的自我认知确实需要专业人士的旁观者角度。

如何应对小事引发的各种负面情绪?

一是随时觉察和记录自己的情绪，并尝试分析是什么样的信念导致了这种情绪。

这个做法看似简单，其实非常有效。比如通过写日记或者转述表达的方式，尽量客观地描述自己的情绪，记录诱发事件（尽量详细，要有细节），再梳理你当时是怎么想的，从而找出为何会产生这样的情绪，到底是什么样的看法与信念在影响自己。比如说我以前对于自己的英语能力或者讲课水平是非常自信的，当妻子 Emma 在这些方面调侃我的时候，我就会非常生气，因为这个我们也没少发生冲突。学了情绪 ABC 管理法之后，我就试着分析自己的信念到底出了什么问题。我发现我之所以生气，是觉得对方不够欣赏和认可我，也不够爱我，也就是说，我有份隐藏的信念就是“一个真正爱我的人，应该真正欣赏我最认可自己的地方”。

二是尝试分析自己信念的合理性。

这里除了使用逻辑推理、自我辩论等方式，还可以借助外力，比如找自己信得过、逻辑思辨能力也比较强的朋友，帮忙分析自己信念中不合理的地方。同时也可以借助思维工具做自我信念的诊断，比如不断追问信念的合理性到底在哪里。就像我前面提到的关于我的信念，“一个真正爱我的人，应该真正欣赏我最认可自己的地方”。其实我在理智的情况下是很容易反驳自己的，比如“我如果真正认可自己这一点，为什么对方就不能提出不同意见呢？这是不是恰恰证明自己内心还不够笃定？”“对方调侃自己，真的代表对方不认可自己吗？自己认可的点，一定要对方也同样认可，才代表爱吗？”通过这一系列的自我反问，我找到了自己信念当中不合理的地方，之后再出现这种情况的时候，我就没有这么生气了。

还有一个实用的思维方法就是找反例。如果你很确定一个信念，可以用《奇葩说》节目里面的辩论方式，试试看能否找到反例，如果能找到，那就证明自己的信念并不是真理。比如我前面谈到的案例，不及时回复信息就代表不在乎吗？是不是有其他的可能性？等等。

三是把想法暴露出来，寻求他人或者专业的帮助。

如果你感觉很难通过自己的努力走出来，可以咨询更为专业的心理咨询师或者情感分析师，因为咨询师能够比较清晰地帮助来访者看到他们思维中的误区，但不会直接一上来就说你这么想不对，而是会通过不断深入提问的方式引导来访者自己发现自己的逻辑漏洞。我有几个经常问的经典问题，大家也可以这么自我询问：

“为什么我面对这个情况时情绪反应如此之大？我以前是否有过类似的经历？”

“我情绪背后的需要是什么？”

“我的需要合不合理？对方凭什么要来满足我的需要？”

通过这些自我询问，发现自己信念中不合理的部分，从而调节和管理好自己的情绪。这个方法简单又实用，大家平时可以多练练。

第24讲

爱情调节器

忍不住吃醋怎么办？

对方爱吃醋，是福还是祸？

吃醋在亲密关系中是一种非常常见的现象，很多恋爱中的人更是容易吃醋。其实偶尔吃吃小醋，会让对方感觉到自己是被在乎的，反而会增进感情。如果在感情中表现得非常淡定，几乎不吃醋，会让对方觉得你并没有那么在乎自己。

比如，我有个女学员就因为男朋友完全不吃醋，觉得对方不爱她，因为男朋友长得比较帅，而她自己本来就有点儿缺乏安全感，男朋友平日里对她又显得不太上心。例如有时她故意打扮得漂亮一点儿参加男友的朋友聚会，其他男生都夸她很漂亮，她男友好像无动于衷，其他男生对她献殷勤，她男友也显得无所谓，这让她很崩溃，觉得对方一点儿都不在乎她。

不过我们也经常见到有些人太爱吃醋，从而引发争吵并导致感情破裂。所以，吃醋对于维系一段良好的亲密关系到底是福还是祸呢？

根据我的咨询经验和实践观察，适当吃醋对于维持两个人的亲密感还是利大于弊的，甚至可以成为两个人的爱情调节器。我把它总结成一句话就是“爱情吃点醋，关系更亲密”。主要体现在以下几个方面：

首先，吃醋在某种程度上是爱的体现。没有爱也就没有嫉妒，没有醋意的爱情会少很多味道。假如自己对恋人做的一切都无所谓，看到恋人与别的异性去春游、跳舞等，一点儿反应也没有，这实在不能说是很在乎对方。所以那个学员的苦恼并不是空穴来风。后面通过双方共同参与咨询我也发现，那个男生确实没那么喜欢她，至少远远不及她喜欢男生的程度。

其次，吃醋能促进爱情的发展。比如我和妻子 Emma 就经常因为一点儿小醋意，产生了很多有趣的回忆。举个例子，如果我夸哪个女明星好看，而她并不认为有多漂亮，她就会说，我就知道你喜欢这种妖艳货色，你去和她过吧。这个时候我得变着法子夸她，她才会平复下来。尽管她也知道我是自由发挥，不过很受用，这反而成为我们调情的一种方式。我要刺激一下她，就故意夸哪个女明星，她肯定中招，然后再来哄她，挺有意思的。

此外，适当的吃醋还可使女孩显得更加妩媚可爱。爱情具有排他性和独占性，正所谓“卧榻之侧，岂容他人酣睡”。女性的情感难以捉摸，一会儿怡然自得，一会儿愁云密布。女孩发觉她的恋人对自己的爱减弱时，会采用以退为进的方法，比如撒娇、赌气、猜忌、诉苦、流眼泪等，不过这反而会成为爱情中的一道风景线，让男人很有成就感。

我有个日本律师朋友，前妻是日本人，特别隐忍端庄，永远都是一丝不苟的样子，尽管他很尊敬她，但总觉得有距离。后来他找了个中国老婆，这个老婆就特别会撒娇，经常会吃点儿小醋，甚至连他太宠女儿了，她也会吃醋。他有时也会和我抱怨：“中国女孩子太自我了，稍微一点儿小事都撒娇诉苦，还爱吃醋，连女儿的醋都吃。日本女人很少这样。”因为我和他比较熟了，也会调侃他道：“不过好像你还挺吃这一套的，对吧？是不是觉得和这位中国太太心灵靠得更近呢？”他点了点头。我说：“这就是亲密关系中的管理智慧，吃点儿小醋更亲密。”

其实适当的吃醋之所以会成为爱情的调节剂，是和亲密关系的本质有关的。我们之所以会吃醋，就是因为在乎，希望确定自己在对方心中的位置。

亲密关系最大的魅力也在于不确定性。在某种程度上，亲密关系中适当程度的嫉妒是一种健康的情感，它的存在是有一定进化学意义的。进化心理学家将嫉妒视为一种保护伴侣不被别人偷走的行为。例如，在聚会中用你的手臂围住自己的伴侣，这种类似于“宣誓主权”的行为被称为“伴侣保留行为”。

而当一方实施了伴侣保留行为时，双方对于一段关系的承诺水平都会提高。所以，嫉妒在一段亲密关系中可以说是必不可少的。如果你从未吃过醋，可能意味着你并不那么在意对方。

你的伴侣斜着瞟一眼看你在和谁发微信，有点儿吃醋的样子可能会让你安心，甚至有点儿喜悦。你之所以放心，是因为感受到了对方在乎你。

尽管适当的吃醋可以成为爱情调解剂，但凡事不能过量，不然就会成为毁灭一段关系的疯狂的嫉妒。用一句话总结就是“总吃太多醋，爱情成负担”。

我有一个来访者，她的老公对她控制得非常厉害，只要她和男同事有往来，他就会不停追问，然后出去喝酒，喝得大醉后回来就狂骂。刚开始她还认为可能是对方太在乎她，所以尽量减少了与其他异性的来往。但后来发现没用，老公内心完全失控，严重缺乏安全感，经常查看她的手机，有时她和男性邻居多说句话都会很介意，回家后朝她大吼大叫，甚至有暴力倾向。她越来越觉得喘不过气来，想要逃离这段关系。

因可能失去亲爱的人而感到潜在的忧虑，这种嫉妒是爱情的组成部分，是每对恋人都有的嫉妒之心。合理的嫉妒可以理解，而“变态的嫉妒”“无理的嫉妒”则是要坚决反对的。

重要的不是嫉妒这种情绪本身，而是我们如何应对它。过分窥探、操控以及控制伴侣行为可能会降低双方的关系满意度，甚至会威胁到一段关系信任的根本。

其中的关键，就是要认清你产生的嫉妒是反应性的（reactive）还是怀疑性的（suspicious）。如果你发现伴侣和某个有好感的前任或者异性有些奇怪的联系和举动，然后采取一定行为来阻止它继续发生，这说明你是善于感知的，你的嫉妒是面对真实情境产生的反应性情绪。

但如果只是瞎猜忌，会被认为“总是多想”。怀疑性的嫉妒很可能会让你去反复验证你们的关系，这最终可能真的会导致关系的破裂。比如习惯性地翻伴侣的手机，严重侵犯对方的隐私空间，这会让对方感到不被信任，而怀疑性嫉妒的一方却认为自己在试图“保护这段关系不受侵犯”。

弗洛伊德也说过：一切对人不利的影响中，最能使人短命夭亡的，就是不好的情绪和恶劣的心境，如忧虑和嫉妒。严重的嫉妒心理会危害人的身心健康。美国科学家通过调查研究发现，嫉妒心弱的人，在 25 年中仅有 2%~3% 的人患上了心脏病，死亡率只占 2.2%；嫉妒心强的人，同一时期内竟有 9% 以上的人患上了心脏病，死亡率高达 13.4%。

如何让吃醋成为亲密关系的调节剂？

一是要明白和接受不确定性永远存在。

亲密关系中的安全感问题是很多矛盾冲突产生的根本原因。不少情侣害怕活在一段不确定的关系中，期待寻找永远不会失去对方的证据。其实这种患得患失的心理恰恰有可能产生过度的嫉妒和控制。要知道，你永远也不能百分之百地确信你不会失去你的伴侣，我们需要承认并接受这一点。

这种不确定性可以避免让我们变得自满，保持一份对爱情的谦卑，同样也提醒自己，没有一个人能真正完全拥有另一个人。我们活在世上，所期望的只不过是与另一些人真正联结，并且尽一切努力让这些联结变得更深、更久，经营出一段深度亲密关系。但这恰恰需要我们有一份发自内心的信任与安全感。我反复告诉我的来访者，亲密关系说到底其实是一个人的事，需要我们在一段关系中不断提升自己，活出自己的力量感，并学会真正悦纳自己，这样我们才不会把所有的重量都压到对方身上，有能力保持一段关系的活力与魅力。

二是通过约定来明确自己在关系中需要什么。

面对自己的核心需要，如果对方不能完全顾及，我们是需要通过一些实用的手段来保障的。

其实通过约定来确保自己核心需要的满足就很有必要。比如我前面提到的那位女性来访者，因为她不太确信对方是否在乎她，需要更多的认可和关注，我就建议他们可以约定每天的精心分享时刻，不用太长，5~10分钟即可，在这个时间段内，可以用简明对话的方式把自己的担心分享出来，而对方需要认真倾听，给出直接反馈。在这个过程中，尽量不争辩、不解释，只是把内心的脆弱面呈现出来。当然，我在双方共同咨询的时候，会给他们示范如何通过有效提问和反馈来真正表达和明白彼此的需要。

通过一段时间的这种深度对话，这对情侣的沟通明显更顺畅了。这个女孩也明白男友并不是不在乎她，只是不太会表达自己的情感。而因为她的鼓励，男友也开始更多地表达喜爱与感激，甚至有时也会表达对她魅力的小醋意，让她的满意指数飙升。

三是通过积极转念来平复嫉妒心态。

前面两点建议重在预防，通过接纳不确定性和制定规则来确保自己的需要被满足，避免醋意泛滥。但是在某些场景下，当我们真正被嫉妒击中，处于情绪当中的时候应该怎么办?

这就需要通过正念冥想的方法来积极转念了。当被嫉妒的情绪控制时，我们其实还是处于一种思维窄化的状态，这时需要通过一些方法来唤醒我们的理性和觉察。

最合适的方法就是回到呼吸，深呼吸几分钟，与自己的身体重新建立连接。可以体会一下我们妒火中烧的时候，身体的哪个部位不太舒服，是胸闷、头痛或者胃疼，整个脖子僵硬，还是身体在发抖等，把注意力放在身体不舒服的部分待一会儿，然后继续深呼吸，告诉自己放松下来。这个时候也可以听一点儿轻音乐辅助身体练习放松，慢慢情绪就可能会平复下来，这就是正念冥想的方法。

情绪平复之后，我们还可以采取情绪 ABC 疗法来检验自己的信念。问自己这么几个问题（可以写出来）：

“是什么样的信念导致了我的嫉妒？是我认为自己受到威胁了吗？”

“我嫉妒背后的需要是什么？”

“对方怎么做才能满足我的需要？”

“我需要通过怎样的方式来传递这种需要？”

通过这样问自己，我们就能明白行动的方案和需要采取的措施。我前面提到的那个来访者的老公在参与咨询后，开始学习正念冥想，觉察自己的情绪。我通过监督这样的正念练习，不断增强他觉察嫉妒情绪背后需要的能力，又引导他通过简明对话的方式来温和坚定地表达自己的需要。在这样的氛围中，他妻子也很愿意配合他的需求，两个人的关系逐渐进入良性循环之中。

第25讲

自我赋能

感情中感觉自己变得很卑微怎么办?

表现太卑微，往往很难获得真正幸福

不少来访者问我，为什么一旦深入到一段感情，就发现自己的底线会一退再退。我那么爱他在乎他，为了他可以低下身段去做很多以前不会做的事情，甚至放弃了自我，为什么自己的全情付出换来的反而是对方的不珍惜？自己为爱情如此谦卑的付出难道错了吗?

这样的来访者以女性居多，在感情中用情很深，甚至有讨好的倾向，很容易在一段感情中盲目付出、失去自我，最后换来的

往往是对方的不在乎甚至逃离，让她们感觉很受伤。

我有这样一位来访者，本来各方面条件都挺优秀的，独立上进，尤其自己的事业做得相当成功，结婚以后却逐渐迷失了自我。原来她老公是一个完美主义者，也很能干，就是有点儿大男子主义，觉得女性就应该把家里收拾得井井有条。他们本来经济条件相当不错，家里请了保姆，但是因为老公总嫌弃她掉头发什么的，她每天都会花一两个小时来收拾房间，确保每个角落都没有头发，还去学做菜，期待能够得到老公的认可。这些额外工作再加上带孩子，还有自己的事业，她整个人有点儿心力交瘁，表现得比较疲惫。结果老公反而对她更不满了，觉得她不够积极阳光，后来还出轨了。

她告诉我自己非常委屈，也很愤怒，为什么她如此尽心尽力为对方改变和付出，希望能够把家庭维系好，对方却如此忘恩负义？她其实很想离开这段纠缠的关系，但是孩子才 7 岁，非常担心爸爸妈妈会分开，她自己也成长于离异家庭，不想让孩子再经历一遍自己童年的痛苦，所以很纠结。

因为太过在乎，在一段关系中表现得非常卑微，甚至让自己低到尘埃里，希望能够真正感动对方，这种痴情男女并不少见，但是最后迷失自我、爱情鸡飞蛋打的情况也很普遍。即使如旷世才女张爱玲，因为爱胡兰成，低到尘埃里，结果换来的还是对方的移情别恋，张爱玲远走异国他乡。

我的一个好哥们儿，曾经有一个有“公主病”的前女友（希望男人永远宠着她、围着她转）。我这个哥们儿对他前女友百般呵护，最终却惨遭劈腿，谈到现在的幸福生活时（与现在的妻子互相尊重和欣赏，能够相互滋养）他也感叹：当年好胜心总会让自己有“迎娶公主”的情结，通过自己和周围朋友的经历，他发现爱情里最重要的是两情相悦、互相欣赏，而当年追得太过辛苦，爱得太过用力，太过卑微的感情，结局都不怎么好。

为什么在爱情中表现得太卑微往往很难获得真正的幸福？

这和人性的特点有关。古人说“入芝兰之室，久而不闻其香；入鲍鱼之肆，久而不闻其臭”，因为习以为常，我们就会逐渐适应，最后变得熟视无睹，这就是心理学上的适应性原理。

适应性是一把双刃剑。它能帮我们熬过重大的创伤性事件。很多车祸后残疾的人，或者经历亲人去世等重大创伤的人，只是在事件发生后一段时间内明显消沉，经过一定的时间，绝大多数还是能恢复到创伤前的快乐水平的。这就是适应性的优点，它可以帮助我们忘却伤痛、活在当下。

但是，适应性也有弊端，那就是让我们将一切都视为理所应当，不再懂得感恩与珍惜。任由其发展，就会变得贪婪自私，甚至麻木冷漠。这是人性的弱点。正如我在前面提到的，好的亲密关系不是单方面拼命付出，另一方被动接受，而是一种双向的互动，双方在互动过程中需要共同成长。

在我前面提到的来访者的感情中，她确实是无私付出，希望能够赢得老公的认可。通过深入的咨询我了解到，她小时候因为父母离婚，一直有一种深深的愧疚感，总觉得是自己不够好才导致了父母离婚，尤其是离婚后带着她的母亲有时会抱怨被她拖累，没有办法奔向幸福。她在父母那里没有得到过无条件的爱与包容，对爱有一种深深的匮乏感。她只能通过讨好母亲的方式来赢得母亲的爱与认可，所以她努力学习，拼命工作，终于在学业和工作上证明了自己的价值。

进入亲密关系中，她还是很容易延续自己讨好的模式。老公对她提出各种期待后，她拼命付出，渴望在对方眼中有完美的形象，却逐渐迷失了自我，变得越来越不自信。她也没有在这段关系中得到滋养，而是呈现出枯萎的状态。这种卑微的讨好与付出反而让她失去了对老公的吸引力，让老公觉得可以随便对待她。一个自我价值感过低的人是很难赢得对方真正的欣赏与尊重的，这样的关系也注定很难真正幸福。

改变卑微心态，获得更多价值感

我们怎样才能改变卑微的心态，在亲密关系中获得更多的价值感呢？根据我的咨询经验，我们可以在以下三个方面学会自我赋能：

一是自我优势的感知训练。

根据积极心理学之父马丁·塞利格曼的观点，我们每个人都有与生俱来的独特优势和美德，他通过多年的研究，把它们总结成了六大美德（智慧和知识、勇气、修养与节制、正义、仁慈与爱、心灵的超越）和二十四种具体的品格优势。

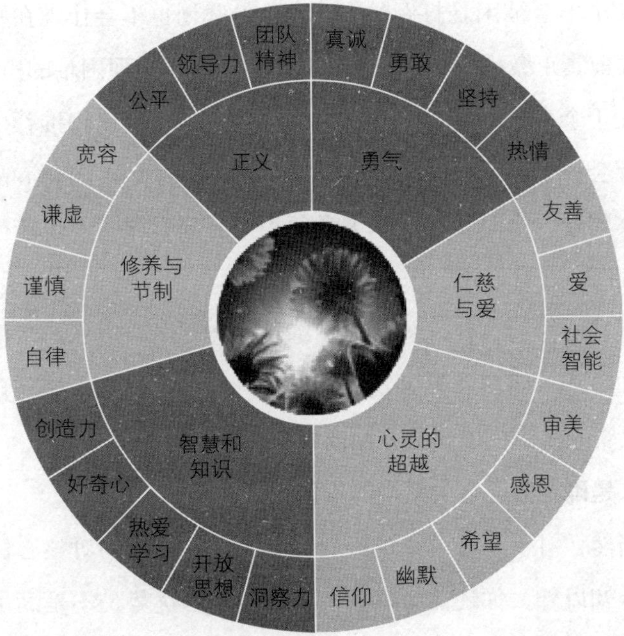

通过上图我们可以看出，所有人或多或少都拥有这些品格优势，但最核心的优势表现会不太一样。比如我的这位来访者，通

过品格优势的测试发现，她最核心的五项优势是：坚持、谦逊、友善、社会智能和好奇心。

针对她的这些优势，我又引导她详细回忆了过去的经历中让她自豪的部分，比如她在父母离婚，母亲情绪很不稳定的情况下，尽管内心其实很害怕很担心，但还是能够把注意力放在学习上，憋着一股劲儿考到了全校第一，给了母亲很大的安慰。她知道自己是一个不会被困难打倒的人，而这份坚韧也不会让她在婚姻的挫折面前真正缴械投降，她突然觉得自己有了直面困难的勇气。

关于个人核心的美德和品格优势的测试，我比较推荐由清华大学社会科学学院积极心理学研究中心开发的 VIA 美德和品格优势中文问卷。当时我在清华大学的积极心理学课堂上也接受过系统的训练，非常好用。

通过这样的自我优势感知训练，你会逐渐明白你与生俱来的优势和美德，明白“天生我材必有用”的真正含义，提升自我价值感，带着满满的能量去直面问题和积极行动。

二是确定自己在关系中的价值。

当然，对于亲密关系的经营，除了上面提到的对核心优势的自我认知以外，你还需要确认一下你的核心优势是不是满足了对方的核心需要，这样的互补才是最有利于形成深度融合和亲密关系的。

比如说我的这位来访者，后面在我的引导下说服老公她也参与到咨询之中，深入交流后她老公也意识到，其实他对老婆在生活细节上的挑剔还是源于自己缺乏安全感，喜欢秩序和控制感。但是他当初选择他老婆的时候，恰恰是因为她表现出来的信念和善良，他发现和她在一起会很安心，并且他老婆格局很大，对自己的目标很坚定，也很有行动力，情商也很高，这些都是他欣赏的，也给他事业上的拓展带来了很大帮助。结婚后他发现老婆反而变得越来越不自信，格局也变小了，喜欢在一些小事上纠结，关键是现在小事也做不好，他确实越来越找不到对老婆欣赏的感觉了。

通过这样的深入交流，我的这位来访者才恍然大悟，原来她自己的核心优势恰恰是当初吸引她老公的真正原因，她却舍本逐末，没有真正去发挥自己的核心优势，而渴望变成对方眼中的完美妻子，结果却是自己真正的优势都逐渐消失了，真的是捧着金饭碗在讨饭！这位来访者了解这个原因以后，开始慢慢调整自己的状态，注重提升自己的核心优势，在大方向上和老公形成更好的交流互动，两个人又开始找回当初恋爱的感觉，老公也越来越欣赏她了。当然，核心前提是她真正开始学会悦纳自己，不在感情中患得患失，不断提升自我价值感。

三是完成对自卑的超越。

心理学大师阿尔弗雷德·阿德勒在他的一本书中指出：很多爱情和婚姻问题，是源于我们面对成年生活中的每次危机，都会采用过往的经验，我们的反应始终遵照自己的生活方式。以何种态度对待爱情问题，其实很大程度上源于我们童年的经历，比如说父母的关系以及是否得到过父母无条件的接纳与支持。

比如童年的创伤经历。一个孩子小时候遭遇父母去世，或者存在生理缺陷，那么他会很容易经受苦楚和陷入对自身缺陷或失去的过度关注中，除非有某位亲近之人的引导，否则很容易过度重视缺陷，而忽视自身拥有的其他与常人无异甚至优于常人的地方。其实我个人也是花了很长时间才从童年丧母的伤痛中走出来，并且这种修复恰恰是在亲密关系中完成的。不过要真正接受和放下我们的创伤经历，了解所有的经历最后都可能成为我们的财富，确实不是一件容易的事情，需要我们不断成长与探索。

如果父母的婚姻不幸福或者冲突很多，孩子就很容易活在恐惧之中，尤其父母如果情绪很不稳定，甚至把情绪直接发泄到孩子身上，孩子会很容易认为是自己的问题，是自己不够好或者不值得被爱才导致了父母的问题，正如我前面提到的这位来访者。

这些童年的最初记忆被还原出来时，往往都经过了我们意识的筛选，经历的真假并不重要，重要的是它体现了我们赋予这段经历的意义，体现了我们个人的判断。也就是说，决定一个人的并不是他所处的环境，而是他对自身处境的解读。

所以要完成对自卑的超越，需要我们重新为自己的经历赋予意义，用积极心理学的方式重新诠释我们的人生。就我自己而言，其实父母的婚姻并不幸福，在一起的家庭生活体验并不愉快，但这只会激励我吸取他们的教训，在自己的家庭中做得更好。所以我是以一种积极的态度对自己的经历进行解读：因为父母关系不好，所以我要变得更好。

而面对我的这位来访者，我也引导她重新找到父母离婚经历的意义，通过深入的引导，她意识到其实父母确实性格不合，他们分开对彼此都好，只是因为他们的力量感都不够，不敢真正承担起自己的那份责任，所以把责任反推给了孩子。她父母其实也是爱她的，只是他们不够成熟，缺乏力量，导致他们的爱是有局限的。而她因为这段经历，有些品格优势反而被磨炼出来，比如以前她很娇气，依赖性比较强，但因为这段经历，她变得更加独立和坚强，只是她总觉得自己是没人依靠，只能独立坚强。当意识到独立坚强本身就是她的魅力之源的时候，她开始真正接纳自我，也更愿意在亲密关系中表现出自己的主见与智慧，这反而帮助她更好地赢得了对方的尊重，关系也进入良性循环之中。

第26讲

积极错觉

总看到对方的缺点，影响感情怎么办？

我在前文和大家介绍过“末日四骑士”，也就是当一段婚姻中反复出现指责、辩解、冷战和鄙视的时候，这段婚姻解体的可能性非常大。而这些问题的背后其实都是因为心态变了，我们已经从“情人眼里出西施”的月晕期过渡到了“怎么看怎么讨厌”的幻灭期，满眼全是对方的缺点和问题。我就有这样一个来访者，她找到我时，内心很纠结，很担心和老公的婚姻状况。她告诉我，周围人对她老公的评价都非常不错，她老公在父母眼中孝顺听话，在朋友眼中温和仗义，在同事眼中兢兢业业，在女儿眼中体贴温柔，但唯独在她眼中，全是缺点，比如太木讷，不够有男人气概，甚至有点儿软弱，做事四平八稳，缺少激情，等等。她很容易拿老公的缺点去和身边比较优秀的男同事做消极对比，比如为什么老公在工作中就不能表现得更有进攻性，这样进步可能更快；为什么老公面对长辈时就不能表现得更有个性一些，为他们夫妻两人争取更多的空间。

但有趣的是，她自己面对这样的要求都心虚，因为当初她其实就是因为踏实和孝顺这些特点而选择她老公的，这些特质让她觉得很有安全感，并且她也很喜欢老公温和谦让的品质，觉得老公能够耐心温柔地对待她。但是现在她已经把这些品质当成了理所当然，甚至反而认为是缺点。其实不仅对老公如此，她发现自己只要和人走得比较近，看到的也都是对方的缺点，甚至包括自己的父母，这更让她对自己的判断没了底气，所以向我求助，如何才能调整自己的心态。

我之前从关系的角度分享了爱情保鲜的秘诀，本讲我会带领大家更深入自己的内心，学会真正从内心转变自己的认知，让你意识到其实所谓的缺点和优点，只是我们看问题的角度变了。我们真正需要的不仅是忍让和包容，更多的是要改变认知和心态，做一个亲密关系中的优点感知者。

为什么要做关系中的优点感知者？

为什么要做关系中的优点感知者？因为这会直接影响到我们在关系中幸福感的体验和关系的稳定性。

这里我先分享一个心理学上的重要知识点——积极错觉。积极错觉是由美国心理学家桑德拉·默里（Sandra L. Murray）提出来的，它是指我们因为自我投射的作用形成了心目中理想对象的印象，然后又把理想对象的特点投射到现实对象身上，从而形成积极错觉，这种积极错觉在某种程度上有助于增强双方对亲密关系的满意度。

桑德拉做了一个实验：她先让情侣们评价另一半的优点，然后再去叫那些与另一半相熟的人评价他的优点。她发现那些能准确地评价对方的情侣，也就是与朋友家人的评价差不多的，感情还算说得过去。那些对伴侣的评价比别人低的，恋情一般维持不了很久。而那些对彼此的评价要高于朋友或家人给予评价的情侣，恋情最可能持续且美好下去。

大量研究也证明，人们在评估亲密关系伴侣和婚恋关系时会带有积极的错觉。那么，积极错觉在婚恋关系中到底起什么作用？它会促进还是阻碍婚恋关系发展？桑德拉发现，个体满意度与对伴侣知觉的理想化有关，而不是与对伴侣知觉的真实化有关，一定程度的理想化或错觉，可能成为提高恋爱关系甚至婚姻关系满意度的一个关键特征。

换句话说，你的伴侣实际上怎样并没有那么重要，重要的是你如何看待你的伴侣。但是你很可能会反驳了，陈老师，这样说不太对吧，这不是鼓励我们对对方的缺点或者问题视而不见吗？这不是阿Q精神吗？

这个问题很中肯，也是很多来访者在跟随我学习积极心理学的过程中经常会提出来的疑问。我们从小接受的教育就是一种评价性教育，更容易盯着问题或者缺点。我们被告知一定要认识自己的缺点和改正缺点，要学会批评与自我批评。这种方式确实有利于我们在应试教育中取得更好的成绩，或者在某些非常强调竞争的工作中脱颖而出，但并不能帮我们体验到幸福或者经营好一段亲密关系，甚至可以说是有害的。

评判时，我们自认为足够犀利，看到了别人没有看到的问题，甚至觉得别人对伴侣的良好评价只是因为他们不了解，没有朝夕相处，其实伴侣是装出来的，他们看不到伴侣在日常细节中的讨厌之处。

一定的距离感确实有助于彼此有保留一些美感和想象的空间，这也是为什么我建议即使在亲密关系中，还是要互相尊重边界。但是，并不是我们走得越近、朝夕相处，看到的就一定是缺点，很多时候是我们把对方的优点视为理所当然，而且是带着放大镜在找缺点。

电影《心灵捕手》中，当天才来访者威尔因为害怕看到对方的不完美而不敢深入一段关系时，他的心理咨询师肖恩说了一段很经典的台词：

> 我的妻子在世的时候有个毛病，一紧张就放屁。有一天晚上我妻子放屁，把家里的狗都吵醒了，后来她自己也醒了，还回头问我说："是你放的吗？"我说："是的，亲爱的，是我放的。"
>
> 是的，而且她一直以为是我放的。她去世两年了，而像那样的小事很奇妙，那是我最想念的事，这些小特点让她成为我太太。她也知道我所有的小瑕疵，也就是大家说的不完美。其实，那才是好东西，能选择让谁进入我们的世界。你并不完美，我不吊你胃口，你认识的女生也不完美，问题是你们是否合适。亲密关系就是这么一回事，你可以知道全世界的事，但发掘的方法就是去尝试。你不能跟我这个糟老头学，就算我知道我也不告诉你。

肖恩就是一个典型的优点感知者，别人眼中妻子的瑕疵在他这里都成了最让他怀念的好东西，我们能说这是阿Q精神吗？

其实正如我们经常挂在嘴边的俗话，"心中有佛，所见皆佛。境由心转，相由心生"。听起来好像有点儿唯心主义，但其实恰恰说明了人本主义心理学的真谛。

前面我也提到过，人本主义心理学之父马斯洛有一个著名的理论，叫作“自我实现的预言”，也就是我们常说的心想事成。从心理学看来，其实并没有所谓的客观真实，所有外部世界的关系都是我们内心投射出来的。如果我们相信恋人有某种特质，就更容易在对方身上看到这些特质，而对方的这些特质也会不断强化，因为我们都希望成为对方眼中更好的自己。

从积极的角度来说，如果你更欣赏伴侣有主见，而不是把主见看成固执，更欣赏伴侣有幽默感，而不是把幽默看成耍滑头，把注意力放在优点上，这些优点就会得到加强。

但是从消极的角度来看，坏事更容易“心想事成”，甚至成为摧毁一段关系的噩梦。比如我前面提到的那位来访者，因为她的消极心态和对老公缺点的过度注意，很容易对老公表现出各种不耐烦，而这种不耐烦其实对老公的自信还是打击很大的，老公后来渐渐变得不爱回家，更愿意在公司加班或者和朋友应酬，而她就越来越确信老公的很多优点只表现给了别人，对她并不是那么在乎和上心。但问题是，当她不断挑剔老公的时候，老公心里会想，反正我怎么表现在你眼里都那么糟糕，那我还不如破罐子破摔，和你保持距离，免得来烦你。整个过程就像一方打开了一个潘多拉魔盒，女方自己发出预言，万万没想到，最终由自己的态度和行为导致预言成真，从而实现了自我实现的预言。

如何成为一个优点感知者?

一是学写欣赏与感恩日记。

你当初选择对方的理由是什么?

你最欣赏对方身上的三个品质是什么?

能描述一下对方让你最感动的故事吗?

这几个问题是我在亲密关系咨询中都会问到的，也是我唤醒这些很容易关注对方缺点，并为此烦恼不断的来访者重新去发现对方优点的必杀技。

比如我前面提到的这位来访者，通过深入思考这几个问题，她发现当初选择老公的时候正处于人生低谷，被前男友背叛和伤害，她对男性的信任受到了很大的打击。是她老公用心的陪伴、耐心的守候和细心的付出，让她一点点从谷底爬出来，并且让她明白这个男人是完全可以信赖和依靠的。她老公的耐心和体贴一直是她非常欣赏的品质，只是结婚后她把这些品质当成了理所当然，对现实的不满和对未来的焦虑都投射到了老公身上，觉得老公不够能干上进，当时伤害她的那位前男友就非常能干上进，但也非常以自我为中心，所以她其实是害怕和这样的男人共度一生的。

当我帮她梳理清楚自己的真正需要和老公在她生活中的重要性后，她内心的不满平复了很多。她终于发现，自己才是那个没长大的小女孩，一直渴望完美的伴侣，但恰恰忘了没有完美的伴侣，只有相互的喜爱和欣赏才能成就真正深度美好的关系。

可以通过记欣赏和感恩日记的方式，经常提醒自己别把对方的好当作理所当然，在记录中重新点燃自己内心的欣赏与感恩之情，并且在日常生活中表达出来（比如把感恩日记分享给对方看或者一起记录）。正面反馈其实也可以激活对方的内在动机，让对方更愿意成为那个更好的伴侣，爱与欣赏之情才能在两个人之间真正流动起来，最终一起实现自我实现的预言。

二是高期待背后需要有高信任。

在我们给伴侣表达期待或者提要求的背后，一定要问自己一句，你是否真正相信对方能够做到？因为高期待背后是需要有高信任来支持的，不然期待就成了赤裸裸的要求和命令，让对方感受到的不是你的爱与信任，而是指责和挑剔。

我和妻子 Emma 其实也经历了这样一个磨合的过程。我属于那种天资不高，但是相对勤奋的人，自律性强，能坚持。而 Emma 属于那种天资聪颖，做事不费力，但相对有点儿随性的人。所以我们在对待生活的挑战方面还是有很多分歧的。在我看来，Emma 的努力程度不够，导致她没有真正发挥自己的潜能，错过了很多很好的发展机会。但 Emma 觉得自己做得又不差，你凭什么来要求我？

其实 Emma 说得没错，我没有资格要求她，但其实她骨子里是渴望我的鼓励和带动的。比如她对于学英语热情很高，但对于要不要去参加英语考试有点儿犹豫。我以前会很容易用激将法来刺激她，说:“你就是喜欢在舒适区待着，你就是不敢直面挑战……”结果两个人闹得很不愉快，也没有达到预期的效果。我后面思考了一下，其实我骨子里还是对她信心不足，觉得她随性惯了，不愿意付出努力。

所以，我先问我自己，相不相信 Emma 是一个足够聪明和有悟性的人，相不相信 Emma 是能为自己做出明智选择的人。得到肯定的答案后，我又找 Emma 深入谈了一次，说明了我对她的高信任和高期待，然后和她确认了不愿参加考试的顾虑是什么，帮她一起分析应对策略。后来 Emma 很高兴地报名参加了考试，最后也取得了非常不错的成绩。庆祝时，她告诉我，其实她很感恩我对她的鞭策，不过希望我不要用居高临下的态度来要求，而是给她更多的信任和鼓励，我也学到了宝贵的一课。

第27讲

安全感

亲密关系中有一方过于黏人怎么办?

安全感其实是很多人在亲密关系中寻求的最根本的内心需要，也是最重要的需要之一。但是亲密关系的不确定性对我们内心的安全感考验很大，如果我们自身缺乏安全感，而渴望在一段亲密关系中通过过度依赖对方来满足安全感的需要，那往往会把另一方推得更远，从而导致自己更加没有安全感。

安全感，依恋的几种不同模式

我有个来访者，她各方面条件其实很不错，但很没有安全感。

她男朋友在一家帮助网红录制节目的公司工作，接触美女的机会比较多，她就非常担心男友会和这些美女网红发生点儿什么。有时她会在男友的工作时间给他打电话，要是男友不接，她就会拼命地打。而且还经常查看男友手机，如果看到了异性照片就会不停地追问，尽管男友一遍遍解释只是工作关系，但她就是不依不饶，两人总是闹得很不愉快，男友也说觉得很烦很累。

另外一个来访者的情况更加夸张。她的童年经历比较悲惨，父母重男轻女，她也比较叛逆，没少挨父母的打骂。更糟糕的是，她父亲出轨，很少着家，她几乎没有得到过父爱，所以从小她面对的是一个疏离的父亲和一个充满怨气的母亲，经常成为母亲的出气筒。

在这样一种家庭氛围中长大，她的自我价值感很低，严重缺乏安全感，所以她在感情中非常依赖对方，非常黏人，在一段亲密关系中变得越来越糟糕，而对方对待她也越来越随意，甚至出轨。

她在第一次结婚之前就发现了对方出轨。她想过分手，但是父母说不结婚感觉丢面子，而她自己也已经习惯了依赖男方，害怕一个人单独生活。为了面子，为了依赖，她走进了婚姻。但是婚后发现老公完全是个妈宝男，缺少担当。她为了给女儿一个完整的家，忍受了 7 年，后来实在忍无可忍，选择了离婚。

后来她开始了第二段感情，但又遭遇了出轨，并且这个男友因为滥交把性病传染给了她！然而即使这样，她还是没有下决心真正离开，因为她太害怕一个人面对孤独了，总觉得有一个男人，即使是渣男，心里也会踏实很多。她期待用自己的付出让对方更珍惜自己，结果却是一次又一次地被伤害。

后来她的男友为了其他女人打架，受伤进了医院，她又跑去照顾他，我问她为什么，她说不能见死不救，她要让这个男人明白，在他最落魄的时候只有她会守候在身边。

我问她："如果他真的被打残了，下半辈子需要你照顾，你愿意吗?"她想了想，很认真地告诉我，她不愿意，她发现自己其实并没有那么爱对方。当时在接到男友出事电话的时候，她心里惦记的根本不是对方的伤情，而是对方到底是为了哪个女人大打出手。她之所以跑去照顾对方，其实只是为了证明自己才是最值得对方珍惜的那个人。

她突然意识到，这其实一直是她最大的渴望。童年时期她一直渴望得到父母的认可，想和弟弟争宠，但是一直没有得到满足。长大以后，她为家庭付出得最多，曾经做生意挣的钱也都贴补家用了。而这种无私付出的背后，隐藏的其实是内心深处对父母不公平对待的恨。现在她的女儿正体验着她曾经受过的伤害，家庭悲剧开始新的轮回。

我接触过很多这样因受原生家庭伤害，自身没有安全感，导致亲密关系出现问题的案例。其实，要解决安全感的问题，说到底还是要改变我们的内在模式，如果我们不能保持对自己内在模式的觉察，不能真正放下内心的伤痛，完成与自己和解，就很难跳脱出原生家庭的悲剧轮回，从而成为自己最讨厌的那个人。

我们的内在模式和儿童时期形成的依恋模式直接相关。根据心理学的研究，也就是有名的儿童陌生情境实验，儿童在婴幼儿时期一般表现为三种主要类型的依恋模式。

第一种是安全型依恋。安全型依恋的儿童与母亲在一起时能舒心地玩玩具，不会总依附于母亲，当母亲离开的时候，会表现出苦恼，而当母亲回来，会立即寻求跟母亲的接触，很快平静下来并继续玩游戏。

第二种是回避型依恋。这是一种不安全的依恋模式，这类儿童在母亲离开时，不会感到太多的紧张或忧虑，而母亲回来，他们也不怎么理会，可能短暂接近一下又走开，表现出忽视和躲避行为，这类儿童对待母亲的安慰和陌生人的安慰没有太大差别。

第三种是反抗型依恋，也是不安全的依恋模式的一种。此类儿童会对母亲的离开表示强烈反抗，母亲回来，寻求跟母亲的接触，但同时又显示出反抗，甚至发怒，不能再安静下来玩游戏。

研究进一步发现，在亲密关系中缺乏安全感的人通常都属于不安全依恋的类型，既有回避型依恋，比如在亲密关系中忽冷忽热，或者喜欢打冷战、摆臭脸等，也有反抗型依恋，比如用反向沟通的方式，删微信、惩罚对方、逼对方哄自己等。

并且，这些缺乏安全感的人常常感觉伴侣对他们不好，认为对方是关系的破坏者。而且，在面临关系问题时，他们很少主动做出改善关系的行为，而是很容易陷入焦虑、恐惧等负面情绪。

就像我提到的第一个案例中的女性来访者，她就属于反抗型依恋，喜欢在关系中不断确认自己的存在感，甚至不惜惹怒对方，虽然她也知道这样不好，但就是控制不住自己。

第二个案例中的来访者情况则更为严重，她小时候遭受到了被忽视和被抛弃的创伤，这种创伤体验让她很难相信自己是值得被爱的、是不会被人抛弃的，所以会像抓住救命稻草一样拼命依赖对方，这反而让对方越发瞧不起她，并且也会有逃离的冲动。而她因为缺乏安全感，完全忽视了自己的原则和底线管理，一而再再而三地退让与讨好，以为这样可以留住一段关系，结果却越来越糟。

改变内在模式，成为安全型恋人

根据我的咨询经验，我们需要做好以下几点：

一是了解自己，明白自己的内在模式。

要成为安全型依恋的恋人，需要确认两个基本的安全认知，那就是：

第一，我不会随时被人抛弃，我周围的世界是安全稳定的。

第二，我值得被关注和被理解，我周围的世界是充满爱和理解的。

在亲密关系中，如果能够确信对方是爱自己的，并直接表达自己想要跟对方亲密的需求，那么对方便会更清楚地了解自己的需求，两个人的关系会更好，因为任何包容、理解、耐心等品质，都是建立在一个稳定且让彼此都感到被重视的感情基础之上的。如果相互之间缺少信任，习惯责备，很容易会让关系陷入恶性循环。所以，我们首先需要了解自己的内在模式是不是安全的，而不是一味地依赖或责怪对方，把对方推得更远。

当我们能够冷静下来审视自己内心的需要时，往往会发现很多情绪来源于童年时期被压抑的对安全感的渴望。而亲密关系会让我们退回到自己的童年，那份未被实现的童年渴望便成了我们的需要。

比如第一个案例中的来访者，在我的引导下终于发现了自己隐藏和被压抑的渴望。原来她小时候，母亲忙于工作，对她的陪伴与关注很少，同时对她要求又很严格，所以她始终不能确认母亲是真正爱她的，骨子里既有一份怕失去母亲的恐惧，也隐藏着对母亲的恨意。而这种情绪在她的亲密关系中很容易重演。她男友有时很难理解为什么一件小事就会让她抓狂，其实是因为触动了她童年的旧伤，她被压抑的受伤的感觉又被激活了。当她对自己的情绪与需要有了更好的觉察以后，学着运用情绪 ABC 的调节方法来逐步管理自己的情绪，两个人的关系有了很大的改善。

二是接纳自我，学会自我关怀。

很多时候，我们的纠结恰恰来自自责和抵抗。就像第二个案例中的来访者，其实她自己也不喜欢那个在关系中如此卑微和依赖对方的自己，她很清楚，如果放任自己的不安全感泛滥，不仅会毁掉一段关系，也会毁掉她自己的尊严与价值感。

终于意识到自己亲手打造的悲剧轮回后，她失声痛哭，哭得非常伤心，她为自己感到深深的不值得。但是，要跳脱这个悲剧轮回，她必须学会放下，放下童年时期对父母的不满和愤怒，学会自我关怀，走出内在模式的困境，找回自己的力量与勇气。

但这个过程并不是一帆风顺的，自我关怀的能力需要循序渐进的长期练习。自我关怀包含以下三个要素：

1. 冷静地观察，不急于摆脱痛苦或与其争斗，而是学会臣服

我们首先要做的，不是急于摆脱痛苦或与其争斗，而是要带着承认的态度，去感受此刻我们体内正给自己带来痛苦的压力与负担。

就像我提到的那个小时候被父母忽视的来访者，每当她特别想去联系对方的时候，都会很自责，觉得自己无可救药。我建议她每到这个时候就把自己的感受写下来，包括童年时担心被抛弃的恐惧和内疚，全部写下来，逐渐去了解自己习惯的依恋模式下的真实感受，尝试理解这个感受的来龙去脉，体会这个模式给自己生命带来的情绪感受，发掘这个感受背后被压抑的自我愿望与需要。但一定要注意，在这个过程中不要去评判，而只是观察。

2. 连接共同的人性，在内心建立连接感和归属感

痛苦是人生不可或缺的一部分，每个人都无可避免地会经历艰难的时刻，这是我们共同的人性，也是我们成长过程中必须修的一门功课。这么想，有助于我们重新在内心建立起必要的联结感与归属感。

比如第一个案例中的这位来访者，当我引导她看到自己在这个过程中的生命力与渴望改变的动力，让她明白经历这些挫折其实是有意义时，她的认知和韧劲就都被激发出来了。我进一步引导她与父母完成和解。她通过写信沟通，终于明白父母并不是不爱她，只是不知道如何理解她敏感的内心，采取了错误的方法，她终于找到了内在的联结感与归属感。

3. 对自己友好，用友善的态度和自己打交道

自我关怀意味着，一个人有能力认识到，自己正在经历某种令人压抑的痛苦体验，同时也有能力去感知这种体验带来的感受，并且还有能力在这个过程中用足够的爱与善意来照料自己，照料的方式可以是精神上的、情感上的、身体上的，也可以是通过某种特定的行为。说白了就是你自己来做自己的内在父母，自己照顾自己的内在小孩。

比如在两段感情里都遭遇出轨的来访者，她很容易因为自己做不到一些事情而自责。我引导她想象如果是她女儿犯了这些问题，她会怎么说。她说会选择去安慰女儿，告诉她没什么大不了的。我也引导她对自己的内在小孩给予同样的安慰，比如“亲爱的，我很高兴你开始认真对待自己的需要与底线。你的意愿才是最重要的。小小的一次偏离目标没什么大不了，这种情况每个人都可能遇到，但明天又是新的一天，我希望你能对自己好一点、耐心一点”。

当她真正找到一些积极体验后，我发现她开始有了信心，从谷底一步步往上爬，后面开始去参加读书会与朋友分享，自己也开始重新创业，尤其是开始用心照料女儿。她让自己的内在模式进入了一个良性循环，也逐步找到了自己内心的安全感与价值感。

第28讲

依赖与控制

另一半控制欲太强怎么办？

上一讲介绍了如何解决在关系中因缺乏安全感而过于黏人，并导致感情出现裂痕的问题。我们从内在模式的角度分析了缺乏安全感的原因，以及怎样才能增加安全感，成为安全型恋人。其实，在关系中缺乏安全感还有一个非常极端的表现，就是变得喜欢控制对方，希望对方完全依赖和顺从自己。而作为被控制的一方，往往会很矛盾，一方面被对方控制得喘不过气，觉得心累，另一方面好像又觉得对方很在乎自己，舍不得分开，因此陷入进退两难的纠结之中。

“受害者监牢”，控制与依赖关系的困局

我的一位来访者，她的老公就属于控制欲极强的类型。她老公能力很强，喜欢操心，也比较追求完美，所以他对我这位来访者的穿着打扮、生活习惯和职业规划等，全部都要管。刚开始，我的来访者还觉得老公这样是因为关心她。因为父母做生意很忙，从小对她缺少陪伴和照顾，所以当有一个如此关注和在乎她的人出现时，她还挺庆幸的，并且觉得老公是真的很爱她。但是，慢慢地，她的窒息感越来越强，因为一旦不按照老公的建议来，对方就会不依不饶，甚至会采取指责、冷战、谩骂等各种方式逼她就范。她觉得心越来越累，很想逃离，但是又觉得对方还是很在乎她的，舍不得，而且他们还有一个两岁的孩子，她不想让孩子成长于单亲家庭。

这样的情况在亲密关系当中并不少见，我把它们统称为控制与依赖的关系模式。在这样的关系中，谁都不是无辜的，每个人都既是迫害者又是受害者。大家都困在“受害者监牢”的三角关系中。“受害者监牢”这个概念由卡普曼提出，又叫作卡普曼戏剧三角理论，那么它到底是如何形成的呢？

大家可以看这张图，一个三角形，三个角分别代表受害者、迫害者、拯救者三个角色。大家都知道三角形是非常稳定的结构，所以一段关系中这三个角色也会形成稳定的纠缠关系，同时角色

之间还可能发生互换。在一段病态的纠缠关系中，往往会呈现出受害者、迫害者与拯救者的三角关系。

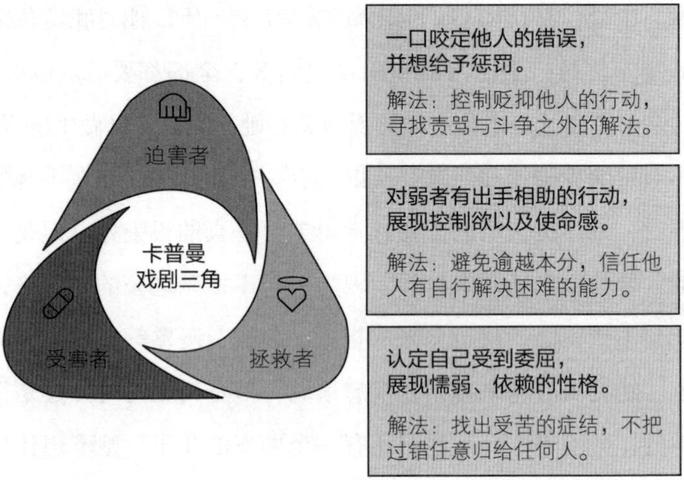

迫害者的主要表现特征是爱指责，他们比较缺乏同理心，会使用各种语言暴力和挑剔行为来贬损对方，不断指责与打压对方，降低对方的价值感，从而达到控制对方的目的。概括来讲，他们的行为逻辑就是“我行，你不行”。

而拯救者的特征是包办，有求必应，并且无原则地帮助对方。但这种看似慷慨行为的背后逻辑还是“我行，你不行”，他们通过帮助对方来满足自己被需要的感觉。和拯救者相处，因为得到了无微不至的关怀，很多分内之事也无须操心，被帮助者会变得越来越无能，从而越发依赖拯救者的帮助。

受害者则经常以懦弱和依赖的形象出现，其心理逻辑是“我不行，你行”。他们经常在接受对方帮助的同时，内心又充满委屈与抱怨，但因为他们认定自己是无能的，所以也只能忍受迫害者的挑剔指责，或者寻求拯救者的帮助。在这样的一种关系中，他们内心的价值感又会进一步降低，从而被牢牢地控制而无法自拔。

就像我刚刚提到的案例，男方最开始是以“拯救者”的姿态出现的，对女方的关怀无微不至，提供全方位帮助。女方一开始很享受这种状态，也慢慢习惯了对男友的依赖，但随着控制与依赖关系的进一步加深，男方开始表现出“迫害者”的特质，内心“我行，你不行”的逻辑贯穿在两个人相处过程中的方方面面。这个时候女方有点受不了了，开始出现反抗，而男方往往会控制得更厉害。女方越来越觉得自己成了“受害者”，但是骨子里面其实已经缺乏自信，也习惯了依赖，加上反抗往往引来更强烈的控制，所以慢慢地她感觉反抗是没有用的，于是形成了心理学上“习得性无助”的状态。

“习得性无助”是由美国积极心理学之父马丁·塞利格曼提出的，指的是因重复的失败或惩罚而对现实失望，从而出现任人摆布的行为和心理状态。也就是说，当一个人总是在一件事上失败，认为凭自己的努力无法改变结果时，他就会放弃在这件事上再做努力，甚至还会因此对自己产生怀疑，觉得自己“这也不行，那也不行”。但事实上，他并不是“真的不行”，只是陷入了习得性无助的心理状态中，自己给自己设置了障碍，然后又把失败的原因归结为自身不可改变的因素，放弃了继续努力的勇气和信心，结果就变成了破罐子破摔。比如，我在前面提到的那个长期遭受家暴的来访者，比起奋起反抗暴虐行为，往往更容易选择消极被动地接受，因为他们认定了即使反抗也无法改变现状。

摆脱习得性无助，走出受害者监牢

那么，对于被控制的一方，如何才能有效摆脱这种习得性无助的心理，走出受害者的监牢呢？

根据我的咨询经验，可以从以下几个方面着手提高自己内心的力量感，从而打破控制与依赖的关系模式。

1. 认识“控制—依赖型”关系的本质，明确自己的心理边界

从卡普曼的戏剧三角理论我们不难看出，受害者也好，迫害者或者拯救者也罢，大家都在不断地进行“投射”与“认同”的游戏。

每个人内心都有一个内在父母与内在小孩，而困在卡普曼三角关系中的人，他们的内在父母与内在小孩的关系通常是一种控制与被控制的关系。这种关系往往来自他们的原生家庭，父母缺乏“边界”意识，没有给孩子独立自主和确立自己“清晰边界”

的机会。

比如我前面提到的那位控制型的丈夫，他就是成长于控制型的家庭，母亲对他管教很严格，控制也很多，他内心习惯的模式也是一个控制型的家长与服从型的孩子。而当他遇到依赖性比较强的女方后，很容易扮演那个强势的内在父母的角色，而把那个依赖和渴望照顾的小孩角色“投射”到对方身上，去保护和控制对方。刚开始，女方也是认同这种角色分配的，所以双方配合得非常好，女方也感受到了强烈的关注与爱。但是随着控制的加剧，女方开始反抗，这个时候各种争吵就开始出现。

而打破这种循环的关键就是从确立自己的边界开始。首先要区分哪些事情是“自己的事情”，就是自己可以说了算，并且要勇敢承担后果。然后区分哪些事情是“别人的事情”，不管你多么关心、多么想帮忙，但事情只能由别人来决定，即使不认同也只能接受。一个最典型的相处原则就是“no ask，no help”（在别人主动请求帮助的时候再提供帮助）。

比如，在对这对夫妻进行辅导时，我就让女方明确哪些是自己要独立决策的问题，列出清单，同时也告诉她老公这些事情由她自己承担决策后果，并且把这份清单列到家规里面，明确干涉对方边界的后果。对男方呢，让他至少在一个月内克制主动帮助和干涉对方的冲动，然后记录有哪些问题他看到了，但是没有干涉，后果如何，每周我会引导双方复盘和讨论。

这样坚持了一段时间，双方开始对尊重边界有了概念，也开始有了更多平等的沟通与讨论，并且在这个过程中也懂得运用简明对话的方式来进行平和、理性的沟通了。

2. 从小事做起，在每一次捍卫边界的过程中获得力量

罗马不是一天建成的，反抗关系中的控制也不是一次就能完成的。就像我们反抗父母的控制，往往是从刷牙、穿衣等生活细节入手一样，在亲密关系中最有效的反抗控制的方法也是从小事做起。

被控制者要有意识地让自己不要太过于顺从对方，然后从一点一滴的小事开始，不要让控制的一方在这段关系中不断膨胀，逐步建立起不可撼动的权威。比如，我在引导前面那对夫妻时，女方开始觉得因为小事争吵没有必要，而且她也有点害怕冲突，但是当我引导她如何通过小事上的冲突，更好地认识两个人的相处模式和提升内在力量感后，她逐渐感受到了在小事上捍卫边界的意义。

比如在探讨某个话题，对方想把自己的想法强加于她时，先不要急着全盘接受，而是站在对方观点的对立面冷静地思考一下，再提出自己的想法。

在这之前，她已经习惯了把对方的话当作命令去遵从，而通过一段时间的独立思考，尤其是通过一个月左右自己独立决策和承担后果的锻炼，她发现自己完全可以处理很多问题，内在的力量感也得到了明显的增强。

当然，还有一个非常实用的技巧，就是在面对喜欢控制的一方的反扑时，学会用“回应”模式代替“反应”模式。比如以前当对方要求她做什么的时候，她总是很容易生气，会抱怨“你为什么老是要控制我?！你为什么一点都不尊重我?！”但是现在，她学会让自己慢下来，不在第一时间做出反应，而是比较温和地说：“我们回头再讨论这件事吧，大家都好好冷静一下。”这样可以避免对方出现过激的言语和行为，也可以确立自己在这段关系中的主导地位。

所以，和控制型伴侣打交道时，切记要始终保持冷静，遇到事情要有自己的主见，而不是对方说什么你就听什么，对方让你做什么你就去做什么。两人约定好了的事情最好用家规的形式确定下来，写下来贴在家里显眼的位置，用书面约定代替口头承诺，用明确的规则来确立和捍卫边界。

3. 敢于放弃，对于某些危险的控制关系要坚决说“不”

前面两条建议还是在双方有感情，控制程度并没有到非常离谱的状态下运用的。但如果遇到了“控制狂”，“边界”被不断侵犯，又应当如何应对呢？我的建议是认清控制手法，对危险关系坚决说“不”。那么，“控制狂”们都有哪些惯用的操控手法呢？根据心理学家克劳德·斯坦纳的总结，控制狂有以下四种惯用的手法：

第一种是“极端状况胁迫法”。这种手法就是只留给被控制者两个相当极端的选项，中间没有任何过渡或者回旋的余地，例如“要不你就按我说的做，要不我们就分手”或者“要不你现在就来，要不你就永远都别来了”，在这种情况下，被控制者因为害怕事情变严重，往往会在两种极端状况中，选择伤害更小的那一种。

第二种是“暗示性诱导法”。控制狂们会用一些带有明显暗示性的话语来诱导被控制者的思想和行为，例如“你就是放不下那个人，是不是?”或者“你也觉得那个人很糟糕，对不对?”被控制者往往就是这样模糊了自己的认知，一步步落入了控制狂设下的陷阱。

第三种是“花言巧语法”。控制狂们会用各种花言巧语来包装他们的真实意图，但无论说得有多好听，到头来全都是谎言。

第四种是“情感要挟法”。控制狂们会利用他们与被控制者之间的情感来要挟对方，“我是这么爱你，为什么你不去……”和“我都为你做了这么多，难道你就不能……”，听到这些诉诸情感的话语时，被控制者们也就心甘情愿地按照对方的要求去做，不知不觉成了对方的傀儡。

针对这几种常见的控制手法，并且情况比较严重的，我的建议是勇敢说“不”。如果对方并不尊重你的反对意见，那么分手是最好的选择，不然很容易陷入习得性无助而无法自拔，甚至酿成悲剧。

第29讲

爱的五种语言

如何让彼此在感情中的付出有价值？

爱的五种语言，原来他是爱我的

在一段关系中，我们经常会看到，两个人其实都很爱对方，也愿意为对方付出，但是自己的付出却没有得到期望中的回应，或者对方虽然为你做了很多事，但并不是你想要的，所以两个人都感到失望和委屈。之前有一对夫妻找我咨询，女方曾经在事业上做得很出色，年纪轻轻就做到了部门主管，但后面为了二胎辞职在家。老公也是年轻有为的高收入金领，钱对他们来说不是问题，所以她打算生完孩子以后做一个全职妈妈。但紧接着问题就来了，她对自己要求高，家务也要做到尽善尽美，有时候累了一天，希望老公回来能够搭把手，或者陪她说说话，让她疲惫的身体和心情能够放松、平复一下。但是老公经常加班应酬，本来回家就晚，一回来就瘫在沙发上，这个时候她就会特别来气，觉得对方一点都不理解她。而她老公也觉得很委屈，自己拼死拼活努力挣钱，都是为了家庭更好，回到家自己老婆不仅不关心自己，还给脸色看，尤其是女方一闹情绪就喜欢和他冷战，更让他抓狂，两个人的矛盾越来越深。

这对夫妻的情况并没有所谓的谁对谁错，根据我上一讲中提到的“受害者监牢”理论，两个人其实都有受害者心理，都认为对方是迫害者。但其实更深层次的原因还是双方都没有真正掌握对方爱的语言，只是用自己习惯的爱的方式在表达爱，但是对方没有感受到。

“爱的五种语言”是美国婚姻专家盖瑞·查普曼博士通过二十多年的婚姻辅导经验，研究了上千对夫妻问题后总结出来的，也是我在亲密关系工作坊中重点培训的内容。那么五种语言具体指什么呢?

1. 肯定的言辞。比如赞美、肯定、鼓励等正面的语言。

2. 精心的时刻。比如不受打扰的单独相处时间、用心的对话与陪伴、浪漫的晚餐或者度假等。

3. 接受礼物。礼物不在乎是否昂贵，而在乎是否用心准备和时机选择。

4. 服务的行动。比如照顾对方的生活，为对方的需求提供支持与帮助，帮助对方解决实际困难等。

5. 身体的接触。比如拥抱、牵手、依偎、接吻和做爱等。

很多夫妻之所以有各种矛盾，往往就是因为各自活在自己“爱的语言”的世界中，并且想当然地认为对方也懂得这门语言，但实际上双方都无法按照对方的“爱的语言”来沟通，导致爱的账户一点点透支，直到破产。

为什么很多人在感情中一味地付出，对方却不领情？其中一个很重要的原因就是你不懂对方爱的语言，你的付出没有真正触动对方，让对方觉得你懂他，所以就算付出再多，也只能感动自己。

比如我刚才提到的那个案例，经过深入了解，就可以明显看到这位愤怒的妻子与无奈的丈夫之间“爱的语言”的差异。

妻子的爱的语言主要是“服务的行动”和“精心的时刻”，她希望带好孩子、处理好家务，解决丈夫的后顾之忧，给丈夫打造一个温暖的家。但是她同时也希望丈夫能感受到她的辛勤付出，并适当给她提供实质性的支持，比如偶尔给她搭把手，共同参与孩子的教育，以及希望丈夫能够多花点时间和她分享彼此的感悟和收获，毕竟作为曾经叱咤职场的风云人物，退回家庭，心理上的失落感还是有的，也担心和老公的共同语言越来越少。她希望通过跟老公的日常分享和深入交流，能够继续感受到两个人的默契与理解。

但显然丈夫的主要语言是“身体的接触”和“肯定的言辞”，希望老婆给自己一个拥抱来表达爱意，当然如果能够和他一起做爱，则更能让他满血复活。此外，他确实很拼、很辛苦，也希望老婆能够多多肯定他，用肯定的言辞来鼓励他，这样他才能更有能量与激情和老婆倾心交谈，并且参与到和老婆共同陪伴孩子的过程中去。

既然“爱的语言”如此重要，那我们如何才能明白彼此爱的语言呢？

总的来说，五种爱的语言我们每个人可能都会有，不过会有一到两种最主要的语言。我们怎么知道自己最主要的爱的语言是什么呢？你不妨问一问自己下面几个问题：

1. 你的配偶做什么事或者不做什么事，伤害你最深？（跟这件事相反的，可能就是你爱的语言。）

2. 你最常请求你配偶的是什么？（你最常请求的事，可能是最能使你感觉到爱的事。）

3. 你通常以什么方式向你的配偶表达爱？（你表达爱的方法，也许表现出来会使你感觉到爱。）

如果你想了解配偶的爱的语言，把上面几个问题的主语换成对方，或者去问对方就可以了。就拿我自己来说，我发现自己对于交流的质量要求很高，和对方谈话时，我期待对方全神贯注。如果对方的回应达不到我的要求，我很快就会丧失再说下去的欲望，并且觉得对方不够尊重和重视我。从这点来看，“精心的时刻”就是我主要的“爱的语言”。当然，我是一个注重解决实际问题的人，也比较看重对方在我遇到困难的时候能否给予实际的支持，所以“服务的行动”也是我主要的“爱的语言”。

而“精心的时刻”也是我的妻子 Emma 的渴望，她希望别人能够认真倾听她说话，也喜欢听我分享，这也是我们能够合拍的重要原因。此外，她还会经常送我各种礼物，也希望我能在特别的日子给她送礼物，但是我觉得“送礼物”这件事“形式大于内容”，不够重视，这往往就成为我们闹别扭的重要原因。

当然，如果想要更深入、准确地了解自己爱的语言，也可以做一些相关的专业测评，[①] 感兴趣的朋友可以做一下。

读懂对方的爱意表达，让爱的语言效果最大化

了解了爱的语言以后，又面临一个问题，就是如果对方“爱的语言”恰恰是自己不习惯的，那如何才能克服这种障碍呢？

---

① “爱的语言”测试链接，女士版：https://www.xinli001.com/ceshi/780；男士版：https://www.xinli001.com/ceshi/784。

这就好比学习一门外语，刚开始总是不习惯的，但是如果经常学习，刻意练习，慢慢就能熟能生巧。总体来说，能否很好地掌握对方的爱的语言，取决于我们学习的意愿和践行的方法。

一是从意愿层面，你要问自己，你有多想学习对方爱的语言？你愿意为爱付出多大的代价？

这其实还是涉及一个根本问题，就是你到底有多爱对方？你愿意为了婚姻质量的改善付出多大的努力？

婚姻的本质是一个修行的道场，或者是学习“爱的语言”的外语教室，我们必须去了解对方运用的语言与真正的需要是什么。有时我们之所以不愿意掌握对方的爱语，恰恰是因为我们没有意识到事情的重要性。

比如我的这对夫妻来访者，他们的沟通总是对不上，在婚姻中都觉得自己很委屈。但是其实他们的感情基础还不错，进行爱的语言的测试后，发现丈夫主要的爱语是“身体的接触”，尤其是性爱。而妻子则是“服务的行动”，尤其是对方帮自己拖地（妻子有点洁癖）。

刚开始，丈夫完全不能理解对方的逻辑：“爱和拖地有什么关系？”我帮妻子解释道：“你的妻子以身体接触的方式对你表达爱的时候，你感觉到的爱，和你妻子拖地时，她感觉到的爱，是相同的。”

丈夫很惊讶：“拖地的感觉能有这么好？”妻子说：“对的，看到脏兮兮的地板，或者我拖完地，你不注意卫生，乱扔东西的时候，我做爱的心情全被破坏了，但是一旦看到整洁有序的环境，我内心就会升起无限的喜悦，也愿意配合你的需要。”

“把拖把拿来！”丈夫激动地表示，“如果能使你感觉那么好，我可以每天晚上都拖地！”

这就是改变认知的魔力。当我们真的能够换位思考，学会对方的爱的语言后，自然就会采取很多行动。而对方也会因为你带着满满爱意做出的爱的行动而感动不已，也会学着用你的爱的语言来回馈你。这样一段关系才能真正流动起来，两个人的爱情账户才会时刻保持盈余。

二是从方法层面，针对对方爱的语言，从小事做起，不断为爱情账户储蓄。

如果你是一个初学者，在这里我有必要强调一下，在每一种爱的语言中，应该注意的问题和践行的方法。

1. 学习肯定的言辞，你需要养成随时记录和学习的习惯。

心理学之父威廉·詹姆斯说过，人类最深处的需要，可能就是感觉被人欣赏。肯定的言辞，可以满足很多人这样的需要。如果你不善言辞，却遇上了非常需要赞美和认可的另一半，我建议你可以备一个笔记本，专门记录“肯定的言辞”。比如当你看有关爱的文章或书籍时，随时记下你读到的肯定的词句。听有关爱的演讲，或偶然听到朋友对他人的赞美时，也把它写下来。渐渐地你会收集到相当多的词句，可以用来对你的伴侣传达爱意。

此外，还可以罗列优点清单，把你能想到的对方的优点全部罗列出来，要尽量详细，最好有丰富的例子。

2. 领会精心的时刻，重在情感连接，需要真正做到用心与共情。

精心时刻的意义是两人一起做些什么，并且给予对方全部的注意力。活动本身是次要的，重要的是在情感上与对方共度的注意力交集时刻。

此外，你还需要学会共情。两个人在友善、不受干扰的环境中，分享彼此的经验、思想、感觉和愿望。如果你配偶的主要的爱语是精心时刻，那么高质量的对话，对于他在情绪上感觉到被爱，是十分重要的。所以在这个过程中，学会积极倾听非常重要，因为精心会话的焦点就是我们在听什么。

3. 接受礼物，不在乎礼物贵重与否，而在乎心意。

很多人认为只在恋爱时需要送礼物，结婚了就应该图实惠，不搞这些虚头巴脑的事情。还有一种错误观点认为，送礼物是有钱人的事情，如果不是名牌包包、首饰等，都不好意思送。这都是我们需要克服的刻板印象。

我们可以通过礼物清单来确定对方真正的喜好。可以列一张单子，写出历年来让你的配偶感到兴奋的所有礼物，包括你或者其他家人、朋友送的礼物。这张单子可以给你一个概念，了解你配偶喜欢收到什么样的礼物。

并且，如果你发觉伴侣主要的爱的语言是接受礼物，那么，也许为对方买礼物，是你能做的最好投资。你在为你们之间的关系做投资，充值彼此的情感账户。

4. 对于服务的行动，要了解彼此需要服务的内容，并且落实到行动中。

我前面提到的案例中，妻子的爱的语言是服务的行动，她需要丈夫给她提供实质的帮助。以前在职场中时，丈夫工作能力很强，能给她不少好点子，她也很享受这种帮助。但是做全职主妇后，她需要的服务的内容在变化。而丈夫并没有完成这种转变，也不擅长做家务和带孩子，从而导致了两个人的矛盾加剧。

所以，我引导妻子更直接地表达自己需要的服务内容，通过清单的方式罗列出来，并且给对方示范如何来做，通过耐心的指导，让对方快速地掌握要领，并且通过肯定的言辞给对方积极反馈，调动对方参与的积极性。

同时我也引导丈夫去留意妻子的需要，并且不要有一种被迫的感觉。爱是一种抉择，不能被强迫。在过程中通过简明对话的方式来确认对方的需要，同时也不忘给老婆积极的反馈，还跟妻子一起聊天分享自己的快乐和烦恼，慢慢地，他发现老婆也更愿意配合他的需求，尤其是身体的接触，两个人又重新找回了爱的连接的感觉。

5. 学习身体的接触，最重要的是全神贯注，通过一些仪式感来加强身体接触。

比如搓揉背部，或者性爱前的游戏、性爱后的拥抱。爱的抚摸也可以是含蓄的，比如你给他倒咖啡的时候，把手放在他的肩头；你们在厨房里擦身而过时，轻触到对方的身体。

如果你在成长过程中跟亲人之间的身体接触很少，导致恋爱后也不喜欢跟另一半有身体接触，那不妨可以制造一些仪式感，来加强这种身体接触。比如每天早晨的吻别或者回家后的拥抱，或者在看喜欢的电视节目时，坐在沙发上彼此靠紧些，不需要额外的对话，效果却好比在大声传达你的爱。

第30讲

三件好事

如何应对感情上的重大挫折？

所有的相聚终究会迎来告别的时刻。同样在亲密关系中，我们很多时候也难免要面临分离，这是一件让人非常痛苦和难受的事情。虽然前文我一直都在告诉你如何去经营好一段关系，但是如果一段关系确实已经走不下去了，走到分手或离婚这一步，我们又应该如何走出情绪的低谷呢？

关系破裂后的心理重建工作也是我亲密关系咨询的重要部分。如果一段关系中的两个人只能选择将就或者忍让，不敢分手，两个人就会卡在一段关系中不能动弹，彼此都痛苦，而如果有孩子的话，也可能会对孩子造成很糟糕的影响。相反，诚实地面对自己的情感，觉得确实无法继续了，就选择放手，好聚好散，这反而能让自己有机会得到真正的成长与修复，从而变得更强大。我有一位来访者，在遭遇婚姻危机的时候找到我咨询，起因是她老公在她手机里发现了她和另外一个男同事的“暧昧”信息，所以坚决要和她离婚。当时，她和老公因为各种矛盾正处在冷战之中，老公的性格非常偏执，经常会用各种情感虐待的方式来让她屈服。因为她小时候曾被父母送人寄养，很害怕被抛弃，所以老公的惩罚手段让她非常痛苦，但是并没有想过要分开。而在这个痛苦的时候，一位男同事的帮助和倾听给了她很多安慰，但是她从来没有想过要毁掉自己的婚姻。

她老公发现这个事情后，完全不能忍受，觉得被戴“绿帽”是奇耻大辱，疯了一般要求马上离婚，并且威胁如果不马上离婚就要到女方公司去闹。后面我给双方进行了一次深入的调解，发现男方对女方的控制其实非常严重，一旦女方对他表现出顺从，他就百般宠爱，但一旦表现出反抗，他就会通过各种控制的手段，比如冷战、指责、贬低甚至离家出走等方式来进行情感虐待，女方很痛苦，但又舍不得离开。发生了这件事后，男方对女方更是完全没有了信任，对女方的情感虐待更加严重。

后来，我和女方分析了继续坚持和选择放手的利弊，女方最后选择了放手。不过她又一次陷入童年被抛弃的伤痛之中，尤其面对年幼的孩子，她更是充满了内疚和自责。面对这样的局面，我又是如何引导她走出低谷的呢？

情感疗愈的终极武器——每日打卡记录三件好事

在这里，我要和大家分享我用来疗愈情感的终极武器——三件好事。三件好事是积极心理学之父马丁·塞利格曼总结出来的方法，能够帮助摆脱抑郁、焦虑等负面情绪，提高幸福指数。

塞利格曼团队跟踪研究发现，能够坚持记录三件好事的受访者幸福指数会持续上升。通过下面的对比图可以看出，三件好事能够明显改善受访者的情绪状态，效果比感恩拜访这些方式要好很多，而且是一个持续升高的过程，6个月以后能够稳定在一个较高的水平，并且形成习惯后不会反复。参与这个研究的受访者最终都爱上了这种习惯，并形成了正能量传播的涟漪效应。

三件好事中的好事往往体现在小事上，而并非只有升职加薪、结婚生子才算得上好事。只要你能够在每一个平凡的生活瞬间去训练自己感受幸福的能力，就会真正活在当下，体会心流的感觉。比如你早上吃了一顿非常美味的早餐，感觉到很幸福，觉得对方对你很贴心等，这些都是好事，你都可以把它们写下来。因为每天都要记录三件，所以怎么训练自己对生活中小事的观察力非常关键。

三件好事的实际效果

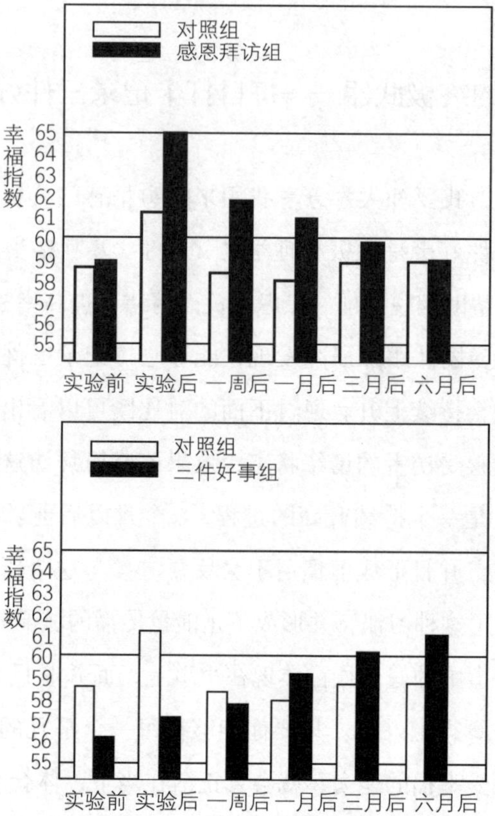

我在咨询中广泛应用了三件好事的方法，因为它很简单，作用又非常明显。我让我的来访者坚持打卡三件好事，基本都能收到很不错的效果，而且不仅适用于关系修复中的夫妻或恋人，对于遭遇沟通危机的亲子关系，以及失恋或离婚后迟迟走不出低谷

的人帮助都非常大。

那为什么看起来这么简单的“三件好事”能够有如此神奇的功效呢？

一是通过打卡三件好事，让他们学会从小事开始坚持，着手解决自律的问题。

很多经历情感挫折的人很容易陷在情绪中不能自拔，并且形成自怨自艾的恶性循环。而三件好事让我们能够专注当下，去寻找生活中的兴奋点，比如好天气、好环境，周围人的善意，自己的努力与坚持等，这需要刻意的练习。并且是每天记录，尽管时间不多（10~15 分钟就好），但是坚持下来就会有一种觉得自己在认真生活、自律坚持的成就感。

很多来访者的情绪问题其实还是跟缺乏自律的生活习惯有关，很容易丧失目标感和意义感，觉得在浪费生命。而三件好事通过记录，帮助我们明确生活的意义感，找到与自己的感受和需要连接的感觉。

二是鼓励他们和家人朋友分享三件好事，形成涟漪效应，也能加强积极沟通。

有一位丈夫，被妻子发现出轨后，渴望得到妻子的原谅，重新回归家庭。但是妻子性格非常刚烈，觉得这样的创伤与信任的破坏很难修复，直接提出了分手。这位丈夫苦苦哀求再给他 6 个月的时间，让对方看他的表现。因为已经有了两个孩子，女方没有立即选择离婚，但是不再搭理对方。男方找到我求助，我在确定了他的决心之后，建议他全面参与家庭，分担家务，养育孩子，主动沟通，并且通过三件好事记录自己的心态转变。他真的这么做了，并且在很多的小事中越来越能理解妻子的不容易。从给家人准备早饭开始，到主动与两家老人沟通，以及给孩子更多的陪伴与照顾，他都详细记录了自己的心态转变。比如他以前觉得妻子做的早饭不够好吃，对孩子太没耐心，或者太过强势等，自己参与后才理解了妻子的不容易。他在三件好事中总结“女人的强势其实是被男人的不担当逼出来的”，尽管刚开始他妻子还是不搭理他，但是随着他坚持分享三件好事，态度也在软化。三个月后，他妻子同意和他一起来找我咨询，然后在咨询中坦承自己受到的伤害以及她的原则与底线。我帮他们做了见证与梳理，他终于赢得了最后修复情感的机会。这就是三件好事的神奇魔力。

更有意思的是，受他影响，他妻子也参与到了三件好事的记录之中，两个人形成了有效的互动，默契也在不断提升。

而我前面提到的那位离婚的女性来访者，她则通过坚持分享三件好事，让父母明白了她曾经受到的创伤以及离婚时的心路历程，重新建立了跟父母的情感连接。并且通过记录三件好事，她发现自己并没有那么惨，而是以前过度把注意力放到了负面影响上，总觉得自己是受害者，生活可能从此无依无靠，女儿以后也很难快乐了。但是，当自律自强地过好每一天后，她发现自己的状态并没有想象中的那么糟糕，而通过记录与女儿互动的每一件快乐的小事，她发现与女儿的相处反而更轻松愉快了。后来她找到机会和女儿说了自己离婚的情况，发现女儿展现出了非常懂事的一面，真正能够理解母亲的不容易。她终于开始放下对女儿的愧疚与自责。当她终于放下被抛弃的受害者心态后，在工作中也展现出了非常好的状态，并且在跟孩子的相处过程中也展现出了更强的力量感，温和而坚定，离婚后她反而活出了真正的精彩。

三是让他们学会从生活小事中发现积极意义，改变认知模式。

在前文，我讲过情绪 ABC 理论，和大家分享了其实真正导致我们出现负面情绪的并不是事件，而是我们对事件的看法。

就拿离婚来说，离婚本身并不一定会让我们陷入痛苦，而是我们认为“离婚就代表我在关系中是一个失败者”“我不值得被爱”“我被抛弃了”或者“我不好，我对不起我的孩子”，这样的错误认知才是导致我们痛苦的根源。

而持续记录三件好事能够真正帮助我们把注意力放到更为积极的小事上，让我们对自己的思维惯性保持觉察，改变看问题的视角，发现生活中小的乐趣，享受平凡的幸福感。

比如我那位离婚的来访者，她有好几次处于情绪崩溃的边缘，甚至觉得活着没什么意思了。我让她试着去找寻值得她开心或者骄傲的地方，比如她在工作中表现很出色，一直被领导器重；再比如，即使面对离婚这么大的挫折，她也能够坚持把工作做完，充分体现出职业化和坚强的特点；面对孩子，她从不去诋毁另一方，并且尽可能减少对孩子造成的创伤，深深体现出了她的爱与智慧。当她开始不断去关注自己性格的积极面以及带来正面效果的好事，开始走出情绪低谷时，也越来越习惯笑对挫折和迎难而上。

如何运用好“三件好事”，走出感情上的重大挫折？

1. 记录三件好事，重点要写清楚“这件好事为什么会发生”，帮助我们连接内心的需要

根据我的咨询辅导经验，在写“三件好事”的时候要避免空洞，不是简单记流水账，而是要写清楚“这件好事为什么会发生？”“这对我来说意味着什么？”“如何才能让这样的好事在未来更多地发生？”……

比如你记录“老公给我买了我爱吃的水果”这件事，可以更深入地记录，“他真的很体贴，让我很感动”。或者“因为我和他分享了我最爱吃的水果是什么，并且提醒他下班之前给我买一下，只要我清楚表明我的需要，他很愿意去执行”。这样，你就能够更好地明白如何才能让好事不断发生。

2. 三件好事最好能和“品格优势”、“运动赋能”的实践结合起来

对于经历情感挫折的朋友，如何通过记录三件好事来真正悦纳自己可能才是重点。我在前面提到过进行自我赋能和运用品格优势来提升自信的方法，这两个方法可以和三件好事结合起来。

比如你可以把每天坚持的运动写进“三件好事”里，当然，不只是单纯写你做了哪些运动，而是写你运动中的感受或者运动后的心情，分享自己坚持运动的方法与心得，还可以表扬自己的坚持与毅力。

越是低谷的时候越要去肯定自己的品格优势，比如自己的善良、同理心、坚强或者自律等，要在生活的日常细节中去发现自己的这些品质，只要你能够始终欣赏自己，也一定能够变成更好的自己。所有杀不死你的，必将使你更强大！

3. 至少要坚持一周以上，最好是能够连续坚持三周，并制定阶段性目标

三件好事贵在坚持。研究表明，至少要坚持一周以上，这一周雷打不动地认真记录，慢慢就能找到情绪释放的感觉，并且喜欢上这种感觉。

当然，如果能够坚持三周以上，很可能三件好事会成为像洗脸刷牙一样的习惯。我们会习惯在睡前简短地总结自己的一天，带着满满的成就感入睡。如果能够坚持6个月以上，那么，我们抑郁的状态会更少，幸福的状态会更多，并且会完全爱上这个练习。

如果说这本解释亲密关系的书希望大家至少学会一项能力的

话，那是幸福的能力，只要我们拥有了幸福的能力，我们内在的关系模式就能变得更和谐，因为内在关系会直接影响到我们的亲密关系。所以，所有的亲密关系归根到底还是一个人的事情，只有我们自己不断修行和成长，才能真正经营好一段感情。

三件好事可以帮助我们一起记录自己的成长和反思，让我们真正学会爱自己和家人，学会幸福！愿大家用好我们分享的智慧，管理好你的深度亲密关系！